Adelheid Müller-Lissner

Liebe, Wut und Schuldgefühle

Inhalt

Ganz bewusst den Vätern gewidmet –
meinem und dem meiner Töchter

Einleitung

»Ich will jetzt nicht mehr älter werden.« Das war nicht der Stoßseufzer eines 50-Jährigen, der mit seiner neuen Rolle als Großvater nicht zurechtkam, und auch nicht Ausdruck der Zukunftsangst einer 60-Jährigen, die sich die Rentenzeit nicht vorstellen mochte.

Das sagte ein zehnjähriges Mädchen zu seiner Mutter, die ihm den abendlichen Gute-Nacht-Kuss gab. Das sagte meine älteste Tochter. Und sie fügte hinzu: »Ich möchte nicht von euch weggehen. Ich will nicht erwachsen sein, ich möchte nicht alleine wohnen. Alles soll so bleiben wie jetzt.«

Es ist dies ein Wunsch, den nicht viele so klar äußern. Und dahinter steht eine Angst, die die wenigsten Kinder sich eingestehen. Die Angst mag nicht unbegründet sein. Der Wunsch jedoch, wir wissen es alle, ist unerfüllbar. Und er verliert sich in den allermeisten Fällen mit der Zeit.

Heute ist meine Tochter 22 Jahre alt. Dem biologischen und psychologischen »Programm«, das ihrer Reifung, ihrem Größer- und Älterwerden zugrunde lag, hat sie sich seit diesem Abend nicht mehr erkennbar entgegengestellt. Im Gegenteil. Es kamen andere Sätze: »Ich bin schon alt genug, das selbst zu entscheiden.« »Ich kann selbst auf mich aufpassen.« »Ich bin 16 – da wird doch mein Freund bei mir übernachten dürfen?« Und bevor sie von zu Hause auszog, war ich es, die für einen kurzen Augenblick die Zeit hätte anhalten wollen.

Wenn sie noch ganz klein sind, sind es die Kinder, die die Eltern fest halten wollen. Kaum kommt die Babysitterin, da schreit so manches Kleinkind wie am Spieß. Und die jungen Eltern, die den Abend zu zweit so dringend brauchen, geraten vielleicht nicht minder in Panik: Werden wir denn nie mehr einfach nur ein Paar sein, unbeschwert und frei? Die Abgeklärtheit der Großeltern, die ihnen versichern, diese Zeit komme doch »schnell genug«, vielleicht gar zu schnell, kommt ihnen ganz und gar unbegründet vor.

Dabei gibt es Vorboten der endgültigen Abnabelung: Wenn die Vierjährige unbedingt bei der Freundin übernachten will, statt nach dem Spielen mit der Mutter nach Hause zu gehen, wo doch »Papa schon wartet«. Wenn der Sechsjährige plötzlich bereit ist, auch anfechtbare Verhaltensregeln bedingungslos zu akzeptieren, weil »unsere Lehrerin das sagt«. Wenn die Zehnjährige sich weigert, zur Taufe der Cousine das »blöde Kleid« anzuziehen, mit dem ihre Mutter sie überraschen wollte.

Das sind Situationen, in denen sich deutlich zeigt: Die Eltern sind nicht mehr der einzige Maßstab für richtiges Leben. Andere Erwachsene, vor allem aber neu erwachter eigener Wille macht ihnen die Richtlinienkompetenz streitig. Zunehmend werden auch Gleichaltrige zum Maßstab der Kinder.

Dass Kinder sich über kurz oder lang von ihren Eltern mehr oder weniger lösen müssen, ist allen Eltern so ziemlich klar. Wenn es mit dem »über kurz oder lang« und dem »mehr oder weniger« keine Probleme gäbe, müsste man darüber nicht viele Worte verlieren.

Gespräche mit Müttern, Vätern, Töchtern und Söhnen, aber auch die große Zahl psychologischer Theorien und Bücher zum Thema zeigen aber, dass dieses »Wie« der Ablösung ein ernst zu nehmendes Problem sein kann. Zur Unsicherheit, ob man nicht zu sehr »klammere« oder umgekehrt dem Heranwachsenden zu früh die Unterstützung entziehe, kommen andere, tiefere Gefühle: Jeder Abschied ist bekanntlich wie ein kleiner Tod. Und das Abschiednehmen von einem prägenden Lebensabschnitt, wie ihn das Leben mit einem hilfsbedürftigen Kind zweifelsohne darstellt, ist besonders einschneidend. Zudem quält man sich vielleicht ausgerechnet jetzt mit Fragen, für die es streng genommen zu spät ist: Hat man genug getan, um den jungen Erwachsenen für das Leben zu rüsten? Kann man dies ehemalige

Kind »so« ins Leben entlassen? War die Erziehung »gut« – oder wenigstens doch »gut genug«?

Wenn ein Kind von »zuhause« weggeht, ist das zudem ein Abschied, von dem zwei Seiten betroffen sind. Geht man im Streit auseinander? Wann wird man sich versöhnen? In welcher Art wird man zukünftig miteinander verbunden sein?

Denn die Geschichte der Ablösung ist mit der Pubertät oder dem Auszug von zu Hause längst nicht vorbei. Vieles spricht dafür, dass es radikale Ablösung vom Elternhaus und von der Elternrolle überhaupt nicht gibt. Dass sie auch mit dem Tod der Eltern – oder des Kindes – nicht endet. Das hat nicht zuletzt mit dem »inneren Kind« in uns zu tun.

Dieses Buch will zeigen, dass es noch etwas anderes nicht geben kann: Patentrezepte für die garantiert gelingende, schmerzfreie und lockere innere und äußere Ablösung. Die Light-Version der Lösung kann nicht versprochen werden. Denn die Aufgabe und die Chance besteht darin, sie mit allen Höhen und Tiefen zu durchleben.

Dabei können die Stimmen von Fachleuten und von »Betroffenen« aber helfen. Was die Betroffenen anbelangt, so beschränkt sich das vorliegende Buch bewusst auf Töchter und ihre Mütter, die ihrerseits natürlich immer die Töchter von Müttern sind. Und das, obwohl Ablösungsprobleme beileibe keine Frauenprobleme, sondern »Menschenprobleme« sind, wie die Psychoanalytikerin Verena Kast zu Recht betont. Die Beschränkung hat andere Gründe: Vieles spricht zunächst dafür, dass diese gleichgeschlechtliche Beziehung durch besondere Nähe gekennzeichnet ist. Und dafür, dass die Umbrüche unserer Gesellschaft in ihr ihren besonderen Niederschlag finden.

Ein zweiter Grund ist ganz persönlicher Natur: Als Tochter einer Mutter von fünf Töchtern wie als Mutter von drei Töchtern kann ich mich hier im engsten Umfeld auf wesentlich größeres Anschauungsmaterial stützen. Soweit sich das mit der gebotenen Diskretion vereinbaren lässt, möchte ich es den Leserinnen und Lesern nicht vorenthalten. Hinzu kommen zahlreiche Gespräche mit Frauen und Mädchen, die ich persönlich kenne und denen ich bei dieser Gelegenheit herzlich für ihre Offenheit danken möchte.

Jede Mutter-Tochter-Geschichte ist anders. Aber das heißt noch lange nicht, dass jede Familie mit ihrer Geschichte ganz allein dasteht. Alle verbindet die schwierige Aufgabe, die getrennt-geeinte Lebensform zu finden, die zugleich der engen Verwandtschaft und der selbstständigen Erwachsenenrolle Rechnung trägt. Ein Leben also, in dem sich Nähe und Distanz, Luft und Liebe nicht ausschließen. Auf der Suche danach sollen die sieben Leitfragen des Buches helfen:

- ☐ Welche Rolle spielt das Geschlecht des Kindes für die Lösung von der Mutter?
- ☐ Was wissen wir in dieser Hinsicht über die kindliche Entwicklung?
- ☐ Was passiert, wenn Kinder von zu Hause ausziehen?
- ☐ Wie verändern sich die Rollen, wenn Eltern älter werden?
- ☐ Mutter und Tochter – ähnlich oder verschieden?
- ☐ Sind wir nur gemeinsam stark?
- ☐ Wie wird das Leben nach der »aktiven Elternschaft«?

Die Antworten kommen von Entwicklungspsychologen, Psychoanalytikern, Soziologinnen, Feministinnen. Von Frauen verschiedener Generationen, erprobt in der Tochter- und Mutterrolle. Und nicht zuletzt von Märchenerzählern, Schriftstellern und Schriftstellerinnen verschiedener Epochen. Ich verhehle nicht, dass gerade ihnen meine ganz besondere Sympathie gehört. Vielleicht weil sie es ertragen, vom Rätsel der Lösung zu sprechen, ohne des Rätsels Lösung für sich zu beanspruchen?

Jede Frau wird wie ihre Mutter,
und das ist ihre Tragödie.
Kein Mann wird wie seine Mutter,
und das ist seine Tragödie.
OSCAR WILDE

Ödipus(si) und seine Schwestern: Lösen sich Mädchen anders?

Fangen wir mit dem Anfang an, denn auch der Ablösungsprozess beginnt dort: Ein Kind wird geboren, eine Nabelschnur wird durchtrennt. Eine Hebamme, ein Arzt, ein Vater oder eine begleitende Freundin rufen der erschöpften jungen Mutter zu: Es ist ein Mädchen!

Wie wichtig ist diese Information? Und: Was bedeutet sie eigentlich genau? Für das Baby nach allem, was wir wissen, zunächst so gut wie nichts. Es hat Hunger, braucht Wärme und Geborgenheit, will mit Hilfe zuverlässiger Bezugspersonen wachsen und gedeihen. Mit anderen Worten: Es ist abhängig und zuwendungsbedürftig. Überlebensfähig ist es nur als Partner innerhalb dessen, was Psychologen die »Mutter-Kind-Dyade« nennen. Es wird jedoch nach und nach geschickter im Sehen, im Greifen und Bewegen. Es nimmt Kontakt auf mit der Umgebung, es beginnt, sich ein Bild von der Welt zu machen, in die es durch seine Geburt geraten ist. Das alles passiert, ob es nun ein Mädchen ist oder ein Junge. Augen, Ohren, Hände, Muskeln und Nerven sind nicht geschlechtsspezifisch.

Für die anderen, für Mutter und Vater, für Großeltern, Geschwister, Freunde und Behörden kann das Geschlecht des Neuankömmlings dagegen viel bedeuten. Es ist eine Bestimmung, die sie im Hinblick auf die Zukunft des noch so kleinen Menschen betrachten – und möglicherweise auch bewerten. Wenn sie bewerten, dann tun sie das zumindest in unseren Breiten – wahrscheinlich für beide Geschlechter zum Glück – anders als noch vor wenigen Jahrzehnten. Selbst Königshäuser haben den Druck, der durch die männliche Erbfolge auf den Gebärenden lastete, heute teilweise schon abgebaut. Und in Deutschland wünschen sich viele Frauen »im Zweifelsfall« – und das heißt: wenn sie nur Kinder eines Geschlechts haben könnten – lieber eine Tochter als einen Sohn. Trotzdem ist es wichtig, das Thema »Stammhalter« im Auge zu behalten, wenn von der Mutter-Tochter-Beziehung gesprochen wird. Denn erstens schleppen wir alle die Vergangenheit mitsamt ihren Wertmaßstäben im Rucksack der Lebenserfahrungen mit uns. Wir haben Großmütter und vielleicht auch Mütter, die sich des Werts der weiblichen Nachkommen – auch für ihre Männer! – weniger sicher waren als wir. Zweitens bleibt von verletzenden Wertungen weit länger weit mehr hängen. Von ihnen wirklich freizukommen, kann Generationen dauern. Und ist es nicht zutiefst verletzend, das eigene Geschlecht als das weniger erwünschte zu betrachten? Ich stelle mir die nach New York eingewanderte Griechin Evangelia Dimitriades als eine zutiefst unglückliche Frau vor. Als der Arzt ihr am 4. Dezember 1923 ihre neugeborene Tochter in den Arm legen wollte, soll sie nur geantwortet haben: »Ich will sie nicht sehen.« Sie hatte sich einen Sohn, eine männliche Stütze für die Familie gewünscht. Und so stand die Geburt der großen Maria Callas unter einem unglücklichen Stern.

Der dritte Grund, das Thema »Es ist nur ein Mädchen!« noch nicht zu den Akten zu legen: Auch heute, mehr als 75 Jahre später, ist es in weiten Teilen der Welt, in der wir leben, noch höchst bedeutungsvoll.

Kleiner Unterschied – große Folgen?

»Man kommt nicht als Frau zur Welt, man wird es.« Das ist der wahrscheinlich bekannteste Satz aus Simone de Beauvoirs Longseller »Das andere Geschlecht«. Und es ist ein Satz, der auf den ersten Blick paradox anmuten mag: Durch das Chromosomenpaar XX ist das Geschlecht des Kindes schließlich von Anfang an – und das heißt: nicht erst seit der Geburt – als weiblich festgelegt. Und auch wenn die kleinen Körper sich einstweilen nur in einem Merkmal sichtbar unterscheiden: Der Unterschied enthält die Ankündigung weiteren Auseinanderdriftens. Denn er ist das sichtbare Zeichen einer biologischen Programmierung. Eines Tages werden Hormone ein Gutteil der weiteren Arbeit übernehmen. Das Neugeborene ist weiblich, wie es Träger der Blutgruppe O ist. Seine Weiblichkeit ist ein Merkmal, das es nicht verlieren wird. Die genetische Festlegung ist also nicht anzuzweifeln, und sie erscheint uns heute, im Zeitalter der Genforschung, vielleicht noch bedeutsamer als zur Abfassungszeit von »Das andere Geschlecht«.

Was Simone de Beauvoir und andere Theoretikerinnen jedoch im Auge haben, wenn sie vom »Werden« der Frau sprechen, ist die Bedeutung, die mit diesem Merkmal des Kindes für seine Umgebung und im Lauf der Zeit auch für die Heranwachsende selbst verknüpft wird. Es sind die Erwartungen und die Rollen, die mit der Tatsache des »Weiblich-Seins« in der Umgebung einhergehen, in der das Mädchen aufwächst. Im Englischen hat sich das Begriffspaar Sex und Gender eingebürgert, das den Unterschied zwischen biologischem Geschlecht und sozialer Geschlechtsrolle auch sprachlich deutlich machen soll.

Für die Annahme der sozialen Geschlechtsrolle ist es ganz besonders bedeutsam, dass es zuerst die anderen sind, die das Kind als »weiblich« sehen. Die Bezeichnungen »Junge« und »Mädchen« sind Schubladen, die zu Beginn eines Lebens die Umwelt aufzieht. Welche Erwartungen sich mit der biologischen Geschlechtszugehörigkeit verbinden, wird von der Kultur bestimmt. Wir leben in einer Welt, in der traditionelle, über die Jahrhunderte gleich gebliebene Frauenbilder mit einer nie da gewesenen Vielfalt weiblicher Lebensentwürfe mehr oder weniger friedlich koexistieren. Und in der es oft für alle Beteiligten harte Arbeit bedeutet, zwischen verschiedenen Kulturen, aber auch zwischen verschiedenen Generationen eine Verständigung darüber herbeizuführen, wie man heute als Frau leben kann. Über die Konflikte der Generationen später mehr.

Das Neugeborene selbst ist von den Rollenkonflikten einstweilen wenig berührt, es ist ja zunächst vor allem eines: ein Baby. Es wird gestillt und gewickelt, auf den Arm genommen, getröstet und in den Schlaf gewiegt. Und es erlebt nach und nach Vorboten späteren Auf-sich-selbst-Gestelltseins, die es mit Angst erfüllen: Es schreit und keiner kommt. Es wird abgestillt. Es lernt, dass man um die Aufmerksamkeit und die Zuwendung der Umwelt werben muss, weil sie nicht selbstverständlich sind. Es flirtet und versucht zu gefallen: »Während der ersten drei, vier Jahre besteht kein Unterschied zwischen dem Benehmen von Mädchen und Knaben. Sie versuchen alle, den glücklichen Zustand vor ihrer Entwöhnung weiter andauern zu lassen.« Und sie merken, dass das nicht nur ein schwieriger Balanceakt, sondern schier unmöglich ist: Denn die Bezugspersonen, auf deren Hilfe sie weiter angewiesen sind, sind unberechenbar, ihr Verhalten folgt schwer durchschaubaren Regeln, die eine Herausforderung für Kleinkinder beiderlei Geschlechts darstellen.

Danach aber zeichnet sich für Simone de Beauvoir ein bedeutsamer Geschlechterunterschied ab: Das kleine Mädchen wird ihrer Ansicht nach bevorzugt. Es darf länger »am Schürzenzipfel der Mutter hängen, der Vater nimmt es auf seine Knie und streichelt ihm übers Haar«. Man sehe ihnen auch ihre Launen eher nach und erlaube ihnen, sich ihren Tränen zu überlassen, so schließt die Autorin aus eigenen Beobachtungen und psychologischen Studien. Forderungen wie: ›Ein Junge weint nicht!‘, oder: ›Sei ein kleiner Mann!‹, machten schon männlichen Kleinkindern das Leben schwer: »Erschreckt über die harte Unabhängigkeit, zu der sie verurteilt werden, möchten dann viele Jungen lieber Mädchen sein.«

Folgt man Beauvoir weiter, so vollzieht sich jetzt aber ein weiterer wichtiger Entwicklungsschritt: Die Umgebung des

Jungen versucht, ihn auf die Zugehörigkeit zum männlichen Geschlecht stolz zu machen. Zwar darf er sich als werdender Mann nicht so »gehen lassen« wie seine Schwestern, muss auf körperliche Nähe und Zärtlichkeit mit zunehmendem Alter verzichten, weil sie »Weiberkram« sind. Doch ist gerade das ein Hinweis auf seine Überlegenheit. »Um ihn auf dem schwierigen Weg zu ermutigen, der ihm bevorsteht, macht man ihn künstlich stolz auf seine Männlichkeit.« Aber worin zeigt sich dieser doch eher abstrakte Begriff? Genau in dem Merkmal, das die Hebamme vor wenigen Jahren zum Ausruf »Es ist ein Junge!« veranlasste. Der kleine Penis an sich sei kein Grund für einen besonderen Stolz, wohl aber die Überlegenheit, die der Vater dem Jungen in Aussicht stelle. Und die sei an das primäre Geschlechtsmerkmal geknüpft. »Anatomisch ist der Penis durchaus geeignet, diese Rolle zu übernehmen«, denn er erscheint, vom Körper abgesetzt, als eine Art »kleines Spielzeug«, vergleichbar einer Puppe. Auch beim Gehen und Stehen kann er nicht übersehen werden. Das Mädchen dagegen ist, wie Nancy Friday es einige Jahrzehnte später ausdrückt, »vertrackt gebaut« und hat es schwerer, seine eigene Geschlechtlichkeit zu entdecken.

Doch der kleine Junge fühlt sich durch seine Anatomie keineswegs von vornherein privilegiert. Sie ist in Beauvoirs Augen vielmehr ein von den Erwachsenen ins Spiel gebrachter und vom Kind als plausibel akzeptierter »Ausgleich«, mit dem man ihm die härtere Erziehung der kommende Jahre schmackhaft machen will. Der Junge lernt, dass er kein Baby mehr ist und als Träger dieses Geschlechtsmerkmals nun auch »kein Mädchen mehr« sein darf. Die Knaben, an die Beauvoir denkt, trugen in ihren ersten Jahren tatsächlich noch Mädchenkleider. Wurden sie größer, so wuchsen sie also gewissermaßen nicht nur aus der Kleinkind-, sondern auch aus der Mädchenrolle heraus. Wir kennen das von alten Fotografien.

Aber hat sich die Welt seitdem nicht dramatisch verändert? Strampelanzüge und Jeans bestimmen die Kleinkindmode beider Geschlechter. Und stehen nicht selbst die Überreste von Geschlechterrollen in Wissenschaft und Alltag inzwischen auf dem Prüfstand? Kann der 1949 erschienene Klassiker also heute überhaupt noch Auskunft geben über die Entwicklung von Mädchen und Jungen, die das 21. Jahrhundert gestalten werden?

Was Beauvoirs Thesen zu bleibender Bedeutung verhilft, ist allerdings die Tatsache, dass sie die Theorien von Sigmund Freud zum angeblichen »Penisneid« des Mädchens und zum Ödipus-Komplex neu interpretiert. Die für unser Thema nicht ganz unwichtigen Versuche, den berühmtesten aller Komplexe aus feministischer Sicht zu deuten und umzudeuten, verdanken ihr viel.

Trauer muss Elektra tragen

Wir müssen zunächst ein ganz klein wenig ausholen: Der griechische Sagenheld Ödipus konnte dem tragischen Schicksal nicht entgehen, das ein Orakel ihm prophezeit hatte: Er tötete, ohne es zu wissen, seinen eigenen Vater und heiratete anschließend, ebenfalls in Unkenntnis der Tatsachen, seine leibliche Mutter. Als er den Doppelfrevel nach Jahren entdeckte, strafte er sich selbst mit Blendung.

Sigmund Freud, der Erfinder der Psychoanalyse, sah in der antiken Sage ein treffendes Bild für die Entwicklungsphase des drei- bis vierjährigen männlichen Kindes: Der kleine Junge wolle in dieser Zeit seine Mutter für sich haben, er habe die Fantasie, sie zu heiraten, und wolle folglich seinen väterlichen Rivalen, der ihm bei diesem Vorhaben im Weg stehe, am liebsten ausschalten. Er entwickelt Gefühle von Hass und Eifersucht gegenüber seinem Vater, beginnt aber auch, die Mutter zu hassen, weil sie seinen Wunsch nach ungeteilter Nähe nicht erfüllt und stattdessen ebenso hartnäckig wie unbelehrbar dem Rivalen die Treue hält. Wenn es ihm im Lauf der Zeit gelingt, sich mit dem Vater zu identifizieren und so werden zu wollen wie er, dann rücken seine unerlaubten Wünsche in den Hintergrund oder werden sogar konstruktiv verarbeitet und bewältigt.

Freuds Schüler C.G. Jung prägte den Begriff »Elektrakomplex« für den entsprechenden Schritt in der Entwicklung des Mädchens: Seiner Ansicht nach strebt es nach einer besonders engen Beziehung zum Vater und hegt deshalb Hassgefühle gegenüber der Mutter, die dabei im Weg ist. Der Wunsch nach privilegierter Nähe zum und Verschmelzung mit dem Vater erwacht im kleinen Mädchen, wenn es sich des anatomischen Unterschieds zum männlichen Geschlecht bewusst wird und einen »Penisneid« entwickelt. Das Streben nach Vereinigung mit dem Vater ist Ausdruck des Wunsches, sich das begehrte »Objekt« anzueignen. Der Wunsch, dem Vater nahe zu stehen, »seine« Tochter zu sein, beinhaltet gleichzeitig eine erste Distanzierung von der Mutter.

Die Heldin, der dieser Komplex seinen Namen verdankt, stammt ebenfalls aus der Welt der griechischen Sage: Elektra, die Tochter des Königs Agamemnon, rächt dessen Tod, indem sie zusammen mit ihrem Bruder Orest seine Mörderin, ihre eigene Mutter Klytämnestra, umbringt. Auch auf dieser Familie lastete ein schrecklicher Fluch: Immerhin hatte Klytämnestra den Gatten nicht grundlos gemeuchelt, sondern damit wiederum den Tod ihrer Tochter Iphigenie, der Schwester Elektras, gerächt, die den Göttern zu Beginn des Feldzuges gegen die Trojaner für guten Wind geopfert worden war.

Über den Ödipuskomplex ist seit Aufkommen der Psychoanalyse viel, über den Elektrakomplex ein bisschen weniger gestritten worden. Machen wirklich alle Kinder diese Entwicklungsphase in der von Freud vorausgesetzten Form durch? Und wovon hängt es gegebenenfalls ab, dass sie daran reifen und sich in einer Form mit dem gegen- und dem gleichgeschlechtlichen Elternteil auseinander setzen können, die ihrer weiteren Entwicklung förderlich ist? Denn es muss doch auch eine gesündere und gedeihlichere Art geben, mit der ersten großen Liebe zum anderen Geschlecht klarzukommen, als sie uns die blutigen und unheilgeschwängerten Familiengeschichten des Ödipus und der Elektra vorhalten!

In neuerer Zeit kamen weitere Fragen hinzu: Was passiert eigentlich in der Phase vor dieser Entwicklung, die die Psychoanalytiker »prä-ödipal« nennen? Und was ist, wenn das Kind bei einem allein erziehenden Elternteil aufwächst? Sind die Folgen dieser Konstellation, in der heute viele Kinder aufwachsen, für Mädchen und Jungen verschieden?

Mit zweierlei Maß

In ihrem vielbeachteten Buch »Jokastes Kinder« hat die französische Psychoanalytikerin Christiane Olivier versucht, zur Klärung dieser Fragen beizutragen. Sie konzentriert sich dabei besonders auf die Beziehung der Mutter zur Tochter. Die delikate Frage lautet also: Wie steht Jokaste, die Mutter und Gattin des Ödipus, zu ihren Kindern, insbesondere zu jenen weiblichen Exemplaren unter ihnen, die gleichzeitig die Schwestern ihres Vaters sind? Eine entscheidende Frage, denn auch heute noch werden kleine Kinder beiderlei Geschlechts vorwiegend von ihren Müttern betreut. Deshalb sieht die französische Psychoanalytikerin und Feministin es als ein ganz entscheidendes Versäumnis von Sigmund Freud an, »nicht ausreichend untersucht zu haben, wie das Geschlecht des erwachsenen Erziehers auf das des Kindes einwirkt«.

Christiane Olivier ist davon überzeugt, dass die »hauptamtliche« Betreuung durch die Mutter sich für die Kinder je nach Geschlecht ganz verschieden auswirkt, weil die täglichen Verrichtungen der Säuglingspflege in der Mutter ganz unterschiedliche Gefühle auslösen: Als Frau fühle sie sich zu dem männlichen Nachkommen durch ein Begehren hingezogen, das sie gegenüber der gleichgeschlechtlichen Tochter nicht aufbringen kann. Der Junge spüre dieses Begehren und reagiere mit der Entwicklung gesunden Selbstbewusstseins: Da seine Mutter sich zu ihm hingezogen fühlt, wird er selbst die Überzeugung gewinnen, stark zu sein. Er wird fähig sein, selbst Lust zu empfinden. Der Vater aber, der diese Aufgabe für seine Tochter übernehmen könnte und müsste, ist nicht so präsent, wie es für deren Entwicklung wünschenswert wäre. Dadurch »beginnt das Mädchen sein Leben mit einer Körper-Geist-Spaltung: Es wird als Kind geliebt, aber als Mädchenkörper nicht begehrt. Es ist sexuell kein ›genügendes‹ Objekt für seine Mutter, das könnte es nur für seinen Vater sein, und nur für ihn.« Auf diesen Mangel, auf dieses weitgehende Fehlen eines männlichen Erziehers, der das weibliche Geschlecht der Tochter als die begehrenswerte »passende Ergänzung« erkennt, führt Olivier dann auch die Unzufriedenheit vieler Mädchen und Frauen mit ihrem Körper zurück: Dieser Körper wird als »ungenügend« empfunden, weil er in der frühen Kindheit das für die Entwicklung so wichtige Begehren nicht ausgelöst hat. Und es ist ja wirklich nicht von der Hand zu weisen: »Wenn man sie reden hört, findet jede Frau, dass etwas an ihrem Körper nicht richtig ist oder anderen nicht gefällt.« Der Ursprung der »permanenten ›Entfremdung‹ der Frau von ihrem eigenen Körper« liegt aber nach Olivier so weit im Verborgenen, dass schon das heranwachsende Mädchen den Mangel nur in sich selbst sehen kann: »Es gibt kein wahres kleines Mädchen, es gibt nur eine falsche kleine Frau.«

Damit sich das ändert, muss der Vater in der Frühphase der weiblichen Erziehung endlich in Erscheinung treten. Deshalb fordert die Psychoanalytikerin: »Das eine Geschlecht muss sich zurückziehen, damit das andere seinen Platz im Ödipus des kleinen Kindes einnehmen kann. Sind die Frauen bereit zu diesem Verzicht? Sind die Männer bereit, ihren Teil der ödipalen Macht zu übernehmen?«

Ja: Väter spielen in der Erziehung ihrer Töchter und Söhne eine wichtige Rolle, und es ist wünschenswert, dass sie sie als anwesende Akteure übernehmen. Auch ich finde es ausgesprochen erstrebenswert, dass die familiären Erziehungsaufgaben ebenso wie die Erwerbsarbeit endlich gerechter, wenn nicht gar vollends gerecht aufgeteilt werden. Aber wenn Mutter – oder Vater! – alleinerziehend sind oder wenn einer von beiden aufgrund einer innerfamiliären Aufgabenteilung die Hauptlast der Erziehungsarbeit übernimmt, geht die erzieherische Welt allein davon nicht unter. Zunächst einmal greift es wohl ein wenig zu kurz, wenn Wohl und Wehe eines ganzen Lebens, wie die Journalistin Petra Oelker es Christiane Olivier vorwirft, nur »mit einem Mangel oder einem Zuviel an Begehren von frustrierten Müttern« in Verbindung gebracht wird.

Ich persönlich würde allerdings in der Kritik an Christiane Olivier noch einen Schritt weiter gehen: Es ist schließlich keine ausgemachte Sache, dass Mütter ihre Babys weniger begehren, weil und wenn sie Mädchen sind. In einer Zeit, die immer mehr von der psychologischen Erkenntnis geprägt ist, dass auch Heterosexuelle homoerotische »Anteile« in sich tragen, wirkt eine solche Annahme sogar fast engstirnig. Allein die Tatsache, dass der Akt des Stillens Lustgefühle entstehen lässt, spricht eine deutliche Sprache: Oder sollte es für eine Frau, die sich auf ihre Körperempfindungen wirklich einlässt, weniger lustvoll sein, wenn ein kleines Mädchen an ihrer Brust saugt?

Ob eine Mutter durch die Tatsache, einen Sohn in den Armen zu halten, mit größerem Stolz erfüllt wird, ist eine andere Frage. Doch wenn das so ist, hat es ganz entscheidend mit dem Selbstbild der Mutter als Frau in dieser Gesellschaft zu tun.

Und das wird durch indirekte Vorwürfe, wie sie Christiane Olivier ausspricht, eher negativ beeinflusst: Schon wieder eine Theorie, bei der Mutter an allem Schuld ist? Und die noch dazu ebenso direkt wie unweigerlich in einen Teufelskreis führt: Eine Frau, der als Kind das Gefühl fehlte, von der Mutter begehrt zu werden, wird von der eigenen Minderwertigkeit überzeugt sein und das Gefühl an die eigenen Töchter weitergeben, denen sie das nötige Begehren nicht entgegenbringen kann.

Durchbrechen können wir diesen Teufelskreis nur, wenn wir in Freundschaft – und mehr als Freundschaft – in und mit unseren weiblichen oder männlichen Körpern leben.

Ähnlich und doch anders

Dass die Mutter auch ihre kleine Geschlechtsgenossin mit Liebe pflegen und sich zu ihr körperlich hingezogen fühlen kann, setzen wir also einfach voraus. Aber gibt es nicht Unterschiede zwischen dem männlichen und dem weiblichen Kind, wenn es um die allmähliche Auflösung der engen Verbindung der ersten Lebensmonate geht? Die Analytikerin Marina Gambaroff meint: »Das Mädchen dürfte es schwerer als der Junge haben, die Symbiose mit der Mutter aufzulösen.« Sobald der Junge bemerkt, dass er dem anderen Geschlecht angehört, ist ein Ansatzpunkt für die Abgrenzung gefunden: Ganz offensichtlich ist er ja anders als die Person, mit der er monatelang verschmolzen schien. Der Mutter ist das von vornherein klar, so dass sie weniger in die Gefahr gerät, mit dem Kind ganz verschmelzen oder es vollständig kontrollieren zu wollen: Sein Schicksal ist es schließlich, eines Tages ein Mann zu werden.

Gambaroff betont aber nicht nur, wie schwierig, sondern auch, wie entscheidend wichtig für die weibliche Entwicklung diese »Distanzierung von der frühen Mutter« ist. Aus ihrer psychotherapeutischen Praxis kennt sie die Probleme von Frauen, die als Erwachsene in großer Abhängigkeit von anderen Menschen leben und nicht erkennen, dass sie nur den festen Griff der »frühen Mutter« spüren. Denn meist sind es ja Männer, nach deren Wertmaßstäben und Wünschen sie handeln. Vielleicht sogar Männer von der Sorte, vor der ihre Mütter sie immer gewarnt haben. Subjektiv haben sie also das Gefühl, sich gründlich von der Mutter abgenabelt zu haben. Doch sie haben das Muster der engen Bindung zu ihr nur in andere Beziehungen übernommen, die deshalb nicht erwachsen werden können. Sie sind oft die sprichwörtlichen »Frauen, die zu sehr lieben«: Weil sie glauben, dass man (Mann?) sie nur lieben könne, wenn sie alles dafür tun, liebenswert (ein liebes Kind) zu sein, sind sie bereit, in einer Beziehung das Äußerste, »alles«, zu geben. Bis sie sich mit der Übermacht der kontrollierenden inneren Mutter auseinander setzen. Bis sie verstehen, dass der Partner die Mutterrolle nicht wirklich übernehmen kann: Er kann, will und soll sie nicht ganz und gar bemuttern. Und er darf (will? soll? kann?) nicht den absoluten Gehorsam gegenüber seinen Wünschen und Bedürfnissen erwarten.

Solche pathologischen Beziehungen zeigen deutlich die Gefahren der frühen Nähe zwischen Mutter und Tochter. Andererseits kann man die gleiche Nähe aber auch als Ursache der vielbeschworenen besonderen Fähigkeit der Frauen zur Einfühlung in andere ansehen, also zu dem, was die Psychologen Empathie nennen und als wichtigen Bestandteil der »emotionalen Intelligenz« betrachten. Vor allem aber ist sie wahrscheinlich die Wurzel der Frauenfreundschaften. Auch wenn Mutter und Tochter später nicht die engsten Freundinnen sind – und einiges spricht dagegen, dies zu wünschen –: Die anfängliche Nähe zu einer Frau könnte das Talent der Frauen erklären, auch später zu ihren Geschlechtsgenossinnen besonders intime Beziehungen zu unterhalten. Die Mutter ist die Trainerin, Hauptnutznießerin der Gabe ihrer Tochter zur Vertraulichkeit wird sie dadurch nicht.

Muttersöhnchen – Muttertöchter

Aber ist die Karikatur des von der Mutter abhängigen Menschen nicht ein Mann? Ist sein klassischer Vertreter nicht »Ödipussi«, wie Loriot ihn unnachahmlich auf die Leinwand bannte? Das Muttersöhnchen, verwöhnt und verzärtelt, umhegt und umsorgt, gleichzeitig aber auch im unbarmherzigen Griff einer resoluten alten Dame, die bei Bedarf ihre Wehwehchen geltend macht, um ihn wenigstens durch schlechtes Gewissen zu halten, wenn die Bequemlichkeit allein nicht (mehr) reicht? Der Entscheidungsneurotiker, dem schon die Wahl zwischen verschiedenen Nuancen von Mausgrau zur Qual wird?

Auch der berüchtigte Dauerbewohner des »Hotel Mama« ist ja typischerweise männlichen Geschlechts (und süditalienischer Abstammung). Sind es also nicht eher die Söhne, die sich nicht trennen können? Für die die Mutter einfach die beste (Frau) ist, die treu sorgende, die zuverlässigste, die liebevollste, jedenfalls aber die, zu der man immer zurückkehren kann. Was ja zum Ödipuskomplex, wie Loriot erkannte, ganz gut zu passen scheint.

Stehen sich also Mutter und Sohn näher als Mutter und Tochter? Es gibt ja sogar psychologische Untersuchungen, die nachweisen, dass Mütter (im statistischen Durchschnitt, versteht sich) ihre männlichen Säuglinge mehr streicheln und knuddeln. Doch Vorsicht: Daraus sollten keine voreiligen Schlüsse gezogen werden. Wenn die Jungen in dieser ganz frühen Zeit tatsächlich mehr körperliche Zuwendung erfahren, so stützt das nicht automatisch Oliviers These, dass die Mutter sich zum gleichgeschlechtlichen Kind weniger hingezogen fühle. Als Grund ist auch denkbar, dass die Mutter die Tochter als eine Art Verlängerung ihrer selbst betrachtet. Und tatsächlich, die gleichen Studien zeigten: Mütter reden mehr mit ihren Töchtern. Kleine Mädchen können (im statistischen Durchschnitt, versteht sich) früher sprechen. In späteren Entwicklungsphasen scheint die Zuwendung der Mutter zur Tochter häufiger mit Kritik und Ermahnungen verbunden zu sein. Für Nancy Friday ist das eigentlich Selbstkritik der Mutter: »Da sie sich von uns nicht getrennt fühlt, ist jeder kleine Fehler von uns *ihr* Fehler.«

Wenn bezüglich der geschlechtsspezifischen Verteilung der Mutterliebe überhaupt eine Theorie zulässig ist, dann kann sie wohl kaum das *Maß* dieser Liebe betreffen, allenfalls ihre *Art*.

Auf das Ödipussi- und Hotel-Mama-Problem übertragen bedeutet das: Die Tochter, die unselbstständig bleibt, hält der Mutter einen Spiegel vor, zeigt ihr ein eigenes Manko. Der Sohn dagegen darf auf Gnade hoffen, denn seine Anhänglichkeit zeigt, dass er die starke Mutter braucht. Sie zeigt der Mutter nicht, dass auch sie schwach ist. Andererseits ist die kritische Haltung der Mutter gegenüber der Tochter, ihrem fehlerhaften »Ebenbild«, für viele Töchter ein Grund, frühzeitig auf Distanz zu gehen. Auch sie wollen keinesfalls so werden »wie ihre Mutter«. Das Resultat: Sie machen sich früh selbstständig.

Die amerikanische Psychologin Evelyn Bassoff, Mutter von sechs Kindern, hielt sich während der Pubertät ihrer vier Söhne für eine gute Mutter heranwachsender Kinder. Als später ihre beiden Töchter in die Pubertät kamen, musste sie dieses Selbsturteil revidieren: »Mein Selbstvertrauen erhielt einen argen Rückschlag«, so berichtet die erfahrene Mutter. »Ich war verwirrt, denn ich hatte nicht erwartet, dass sie sich mir gegenüber in diesem Alter so wesentlich anders verhalten würden als ihre Brüder.« Was machten die Schwestern anders? Sie ergriffen die Flucht, wenn ihre Mutter sie liebevoll in den Arm nehmen wollte. Sie nahmen jede Kritik sehr ernst und erschienen der Mutter im Vergleich zu den Brüdern geradezu mimosenhaft. Aber auch die Mutter entdeckte an sich selbst ein verändertes Verhalten: Wenn die Jungen von einer Party nach Hause kamen und nach Bier rochen, hatte sie das relativ kalt gelassen. Bei den Mädchen machte sie sich Sorgen! Das war natürlich neuer Stoff für Zoff. Evelyn Bassoffs Erfahrung mag von vielen Müttern verschiedengeschlechtlicher Kinder geteilt werden. Die wenigsten werden daraus jedoch jene Konsequenz gezogen haben, der wir zum guten Teil Bassoffs kenntnisreiches Buch zum Mutter-Tochter-Konflikt verdanken: Sie studierte, »um meine Midlife-Krise zu überwinden«, Psychologie und spezialisierte sich dabei schnell auf die Entwicklung der Frau in der Pubertät.

Heute sieht die Psychologin die Besonderheit der Mutter-Tochter-Beziehung in dieser Entwicklungsphase in dem Bewusstsein beider Partnerinnen, demselben Geschlecht anzugehören. Das schaffe bei der Mutter ein besonderes Bedürfnis, Traditionen und Werte der Familie weiterzugeben, aber auch besondere Ängste, die Entwicklung der Tochter könne sie allzu weit von solchen Vorbildern entfernen. Gerade diese aus der Nähe resultierenden Ansprüche allerdings spürt die Tochter – und reagiert darauf mit der zeitweiligen inneren oder auch äußeren Emigration.

Rein äußerlich mag es also so sein: Viele Söhne haben nichts dagegen, auch während des Studiums oder der Berufsausbildung bei ihrer Mutter zu wohnen – oder sich wenigstens die Wäsche von ihr in Ordnung halten zu lassen. Doch das sagt nichts über die psychische Abhängigkeit. Es sagt nichts über die »Mutter in uns«, die für Frauen etwas ganz anderes bedeutet, weil die wirkliche Mutter in der Kindheit für sie nicht nur Versorgerin und Beschützerin war, sondern die »Gleiche in Groß«, weil sie also das bestimmende Rollenbild darstellte. Sie ist deshalb die hartnäckigere innere Begleiterin, in guten wie in schlechten Tagen. Die Revolte der Mädchen speist sich, wenn man die Dinge so betrachtet, aus dem Bewusstsein der Nähe, die Sanftmut der Knaben aus der gelassenen Sicherheit, ohnehin »anders« zu sein als ihre Mütter. Weil auch den Mädchen die gelassene Sicherheit des »Andersseins« – und Knaben von Zeit zu Zeit der erwachsene »Spiegel« – zu gönnen ist, sind ***aktive Väter und/oder andere echte männliche Bezugspersonen*** bedeutsam.

> ***Fazit:*** **Mädchen lösen sich anders als ihre Brüder, weil die Nabelschnur und meist auch die erste enge Beziehung sie zu Beginn ihres Lebens mit einem gleichgeschlechtlichen Menschen verband.**

Klon der Mutter
»Blueprint« – ein Bericht aus der Zukunft

Es ist eine irrwitzige Geschichte, aber das Leben könnte sie eines Tages schreiben: Die Komponistin und Pianistin Iris Sellin lebt allein und ganz ihrer Karriere, als eine Multiple Sklerose bei ihr diagnostiziert wird. Das Nervenleiden wird sie über kurz oder lang berufsunfähig machen. In ihrer Verzweiflung beschließt sie, sich von dem weltberühmten kanadischen Reproduktionsmediziner Mortimer Fisher als erste Frau der Welt klonen zu lassen und das Kind auch selbst auszutragen. Ihr Talent soll mit ihrem Tod nicht von der Welt verschwinden. Der Eingriff gelingt: Siri wird geboren, Tochter und eineiiger Zwilling der Mutter. Später wird sie ihre Mutter-Schwester »Muzwi« nennen, Mutter-Zwilling. Und in der Grundschule wird sie bei der Aufgabe, ihren Stammbaum zu zeichnen, die Lehrerin verblüffen: »Ich habe keine Eltern, sondern nur ein Klon-Elter, und das ist meine Mutter.«

Als Kopie, als »Blaupause«, lebt das Mädchen, dessen Name noch dazu das Spiegelbild des mütterlichen bildet, mit einem vorgegebenen Auftrag. Von klein auf übt das Mädchen, das neben dem Aussehen auch das Talent der Mutter geerbt hat, am Flügel. »Im Frühling des vierzehnten Jahres störte ein lauter Missklang die Zwillingsharmonie.« Siri wird am Klavier ohnmächtig und kippt vom Hocker. Es ist mehr als eine pubertätsbedingte Kreislaufschwäche. Siri hat begonnen, gegen das immerwährende »Wir« zu rebellieren, seit sie eines Morgens im Badezimmerspiegel nur noch ihre Mutter erkennen konnte.

In ihrem Jugendroman »Blueprint« lässt Charlotte Kerner eine junge Frau erzählen, wie sie sich als genetisch identische Kopie der eigenen Mutter fühlte und fühlt. Sie hat einen Science-fiction-Roman geschrieben, doch auf wissenschaftlich solidem Grund: Eines Tages Menschen klonen zu können, ist eine denkbare wissenschaftliche Perspektive geworden. Auch dass eine Frau ihren Klon selbst austrägt, liegt nahe. Wie Iris könnte sie dann Mutter und Zwillingsschwester zugleich sein. Der Klon ist immer ein gleichgeschlechtliches Wesen. Ein Junge könnte allenfalls einen »Vazwi« haben, der aber könnte ihn nicht allein auf die Welt bringen. Die beklemmende Vorstellung der »Allmacht« eines einzigen »Elter« lässt sich also streng genommen nur mit einer Frau verbinden, die einer Zwillingsschwester generationenversetzt das Leben schenkt.

Mit einem Zwilling lässt sich Siri nur begrenzt vergleichen. Denn auch in eineiigen Zwillingen pflanzen sich zwei Eltern genetisch fort. Der Klon entspringt dagegen dem Wunsch einer Frau, sich selbst ganz allein und ganz und gar fortzupflanzen. Als Siri »ihren« Doktor Fisher mit zwölf Jahren kennen lernt, kommt ausgerechnet beim Anblick seiner langen »Pianisten«-Hände der Wunsch in ihr auf, der smarte Mediziner möge ihr leiblicher Vater sein: »In dieser Nacht weinte ich um den Vater, den ich nie haben würde und nach dem ich mich so schrecklich sehnte.« Die Ironie der Geschichte will es, dass Iris Sellin einige Zeit nach der Geburt ihres Tochter-Klons wirklich einmal mit Mortimer Fisher geschlafen hat: Er hätte also der Vater eines ihrer Kinder sein können – wenn sie gewollt hätte.

Geht man dieser Überlegung weiter nach, so findet sich hier vielleicht eine der Ursachen dafür, dass jugendliche Leserinnen sich für die Science-fiction-Geschichte wirklich interessieren: Viele Mädchen kennen den Wunsch ihrer Mutter, sich und ihr Leben in ihnen fortzusetzen. Im »normalen«, ungeklonten Leben ist er allenfalls einer unter vielen Wünschen, die Menschen – Männer und Frauen – bewegen können. In Iris und Siri Sellin nimmt dieser Wunsch dagegen radikal Gestalt an: Nicht einmal »fremdes« Erbmaterial stört die zeitversetzte Symbiose dieser modernen Märchenfiguren. Die Tochter hat alle Begabungen der Mutter und kann auch nach deren Tod die Karriere glanzvoll fortsetzen.

Charlotte Kerner gibt in dieser spannenden erzählerischen Versuchsanordnung mehrere Hinweise, die auch für genetisch nur teilidentische Mütter und Töchter von höchstem Interesse sein dürften. Erstens: Siri Sellin befreit sich in einem schmerzlichen und nicht ganz kurzen Prozess nach Iris' Tod von dem Lebensentwurf, den Muzwi für sie vorgesehen hatte. Sie wird bildende Künstlerin. Die Gene sind nicht alles. Zweitens: Siri sehnt sich zeitlebens nach einem Vater, nach dem Widerpart zur Mutter, nach dem »Anderen«, von dem sie anderes geerbt haben könnte und der sie dadurch auch herkunftsmäßig von der übermächtigen Mutter unabhängig macht. Drittens: Dabei hilft ihr nicht unmaßgeblich ein junger Mann, der jahrelang fast wie ihr Bruder mit ihr gelebt hat, der Sohn ihrer Tagesmutter, ein vertrauter Mensch aus ihrer eigenen Generation. Selbst für ein geklontes Mädchen gibt es also Regulative, die dafür sorgen, dass es nicht automatisch wird, was nicht nur der Feministin Nancy Friday als Schreckbild erscheint, nämlich »Wie meine Mutter«.

Die Mutterliebe muss die Trennung
vom Kind nicht nur dulden,
sondern sogar wünschen und fördern.
ERICH FROMM

Den Jeanszipfel loslassen

Woran merken Mutter und Kind, dass es Zeit ist, sich zu trennen?

Die Frage aller Fragen stellt sich zum ersten Mal schon, wenn das Wunder der Geburt seinen Lauf nimmt. Wenn das Wehenhormon Oxytocin das rhythmische Zusammenziehen der Gebärmutter und damit den unwiderruflichen Beginn der Geburt auslöst. Das Kind ist nun bereit, mit eigener Atmung und eigenem Stoffwechsel das Leben zu meistern. Doch viel mehr als diese elementaren Funktionen kann es zu Beginn noch nicht zu einem gelungenen Leben beisteuern. Denn der menschliche Säugling ist biologisch bekanntlich höchst ungenügend für ein selbstständiges Leben ausgerüstet. Er oder sie muss bemuttert und bevatert werden. Biologen nennen das die »artspezifisch verlängerte Symbiosephase«: Obwohl aus dem Schutz und der Enge des mütterlichen Bauchs entlassen, ist das Neugeborene darauf angewiesen, in enger Gemeinschaft mit den Menschen zu leben, die es nähren und versorgen. Und es spürt am Anfang nicht, dass sie von ihm getrennte Personen sind. Kein Wunder: Neun Monate lebte es schließlich auf engstem Raum buchstäblich in seiner Mutter.

Aus eins mach zwei

Zu Beginn kommt dabei der Mutter, die das Kind auf die Welt gebracht hat, eine privilegierte Rolle zu. Die Väter, ohnehin neun Monate lang dazu verdonnert, »draußen vor der Tür« zu warten, sehen es oft nicht ohne Neid. »Das Neugeborene hat bei seiner Geburt bereits eine eigene Geschichte mit der Mutter«, resümiert der Psychoanalytiker Andreas E. Benz. Und die setzt sich nun noch weiter fort. Denn beim Stillen ist die Symbiose besonders innig: Mutter und Kind leben im Wortsinn zusammen. Die Körpergrenzen verschwimmen – nicht nur für den Säugling. Gesättigt dämmert das Kind wieder in den Schlaf, oft ohne zu bemerken, dass es nun von der Nährerin und Wärmerin wieder räumlich getrennt ist.

Die Psychoanalytikerin Margaret Mahler hat der Entwicklung des Kindes von dieser Symbiose bis zum Bewusstsein des Kleinkindes, ein eigenständiges Individuum zu sein, ihr Lebenswerk gewidmet. In jahrelanger, minutiöser Beobachtung von Babys und Kleinkindern – und ihren Müttern – hat sie die einzelnen Entwicklungsschritte voneinander abgegrenzt, die ein »normales« Kind vollzieht, bis es das Bewusstsein gewinnt, ein »Ich« in dieser Welt zu sein. Seit die frühe Trennungsgeschichte genauer unter die Lupe genommen wurde, sind wir in Sachen »Lösung« bedeutend schlauer geworden. Was geschieht da genau?

Wenn ein Baby mit ungefähr sechs Wochen zum ersten Mal lächelt, so können die meisten Eltern nicht anders, als vor Wonne dahinzuschmelzen: Es sieht uns, es mag uns, es antwortet! Doch Margaret Mahler und ihre Mitarbeiter sind davon überzeugt, dass dieser »wache«, festhaltende und zielgerichtete Blick dem Kind erst mit vier bis fünf Monaten überhaupt möglich ist. Zuvor schweift es noch schnell ab, wird müde, »meint« noch nicht das Objekt, das sich seiner Netzhaut präsentiert. Und das sich seinerseits nur zu gern »gemeint« fühlt!

Doch nun geht es Schlag auf Schlag: Mit sieben bis acht Monaten schaut das Baby die Mutter schon deutlich prüfend an. Es kann und will sie identifizieren. Es lernt, was die Mutter »ist« – und dass sie von ihm getrennt existiert, dass sie kommen und gehen kann, fast wie es ihr beliebt. Das macht

Angst. Das Kind sieht andere Gesichter, manche öfter, andere zum ersten Mal. Es ist neugierig, aber es reagiert vielleicht auf fremde Gesichter auch mit Panik, der berühmten »Acht-Monats-Angst«. Es fremdelt. Nicht alle Baby tun das, aber wenn sie es tun, ist es als Zeichen eines altersgemäßen Entwicklungsschritts zu betrachten. Zumal auch andere Neuerungen das Kind beunruhigen könnten: Endlich kann es krabbeln, es macht sich auf und davon um die nächste Ecke – und sieht plötzlich seine Eltern gar nicht mehr. Man kann also von ihnen getrennt werden, sich gar selber trennen! »Entfernungskontakt« nennen die Psychologen sein verständliches Bestreben, den Weg zurück einzuschlagen und sich vor der nächsten Expedition einen Platz auf dem Schoß zu sichern. Ein bisschen erinnert es mit diesem Verhalten an ein schnurloses Telefon, das in regelmäßigen Abständen an der Basisstation seinen Akku aufladen muss, um wieder für eine Weile in voller Reichweite aktiv zu sein.

Um den Jahreswechsel herum, wenn mit dem ersten Geburtstag aus dem Baby ein Kleinkind wird, stehen wieder große Dinge an. Das Kind lernt den aufrechten Gang und beginnt damit, wie Mahler poetisch sagt, ein dauerhaftes »Liebesverhältnis mit der Welt«. Die Welt aber will erobert sein.

Mit dem Laufen etwa zeitgleich lernt das Kind nach Ansicht von Entwicklungspsychologen auch Ansätze begrifflichen Denkens. In der Mitte des zweiten Lebensjahres wird es sich der Tatsache, dass Menschen voneinander getrennt existieren, wirklich bewusst. Die Beobachter stellten nun fest, dass die Kinder sich dann zwar weiter spielend von der Mutter oder anderen Bezugspersonen entfernen. Doch sie neigen nun dazu, immer wieder zu ihnen zurückzukehren, ihnen etwas zu bringen, ihre Anteilnahme herauszufordern. Viele Kleinkinder »beschatten« ihre Mütter regelrecht. Das kann nervenaufreibend werden. Außerdem lösen beide Komponenten dieses Verhaltens bei der Mutter Unsicherheit, manchmal sogar Ablehnung aus. Einerseits ist die Symbiose zu groß: Denn das Kind braucht die erwachsene Bezugsperson wirklich Tag und Nacht. Andererseits ist aber auch das Bedürfnis nach Selbstständigkeit zu groß: Denn das Kind läuft weg und will alles Mögliche alleine schaffen. In dieser Phase, so Mahler, »können manche Mütter die Anspruchshaltung des Kindes nicht akzeptieren, während andere im Gegensatz dazu unfähig sind, die allmähliche Loslösung des Kindes hinzunehmen«. Kommt uns das nicht auch aus späteren Phasen bekannt vor? Eins steht fest: Hier zeigt sich zum ersten Mal ein Grundmuster der Eltern-Kind-Beziehung!

Mutter sein dagegen sehr …

Gut jedenfalls, dass endlich auch von den Müttern und ihrer Reaktion die Rede ist, wobei wir den Begriff »Mutter« ruhig weiter fassen können, wenn es um die Betreuung von Kleinkindern geht. Denn im Unterschied zur Stillphase mit ihrer sehr exklusiven Mutter-Kind-Beziehung können nun auch Väter im Erziehungsjahr oder Tageseltern die Hauptbezugspersonen sein. In der Arbeitsgruppe von Mahler wird nur von Müttern gesprochen, weil hier tatsächlich nur Frauen und ihre Kinder beobachtet wurden. (Schießlich sind die Untersuchungen auch schon ein paar Jahre alt...) Worum es aber geht: Die Reaktion der erwachsenen Bezugspersonen auf dieses Wechselbad von Selbstständigkeit und Anschmiegsamkeit, von Eroberungsdrang und ängstlichem Rückzug, das die Kleinkinder jetzt oft zeigen, wirkt sich auf deren weiteres Verhalten natürlich aus. Ein Kind, das sich von der Mutter zurückgewiesen fühlt, wird vielleicht anfangen zu quengeln und Nähe zu erzwingen. Ein anderes, das sich von der Fürsorglichkeit erdrückt fühlt, wird störrisch und sperrt sich körperlich gegen jede Umarmung.

Kleinkinder, die gerade in dieser Phase der »Wiederannäherung« angekommen sind, machen es den Erwachsenen aber auch wirklich nicht einfach – und schon deshalb ist es die

Frage, ob die Nerven einer einzigen »erwachsenen Bezugsperson« ausreichen, um der Herausforderung standzuhalten. Dem Stoßseufzer, den die Psychoanalytikerin und mehrfache Mutter Christiane Olivier in ihrem Buch »Jokastes Kinder« ausstößt, werden sich wahrscheinlich spätestens in dieser Entwicklungsphase viele Mütter anschließen: »Welch ein Abgrund zwischen dem Traum einer gemeinsamen Verwirklichung mit meinem Mann und der enormen Belastung, die plötzlich auf mich zukam!« Denn das Leben mit einem Kind, das in der »Beschattungsphase« angelangt ist und sich den ganzen Tag immer wieder des Rückhalts versichern muss, sich zugleich aber ebenso oft »trotzig« von seinen Betreuern absetzt, ist anstrengend. Die Kondition eines einzelnen erwachsenen Menschen, und sei er/sie auch ein Ausbund an Geduld und psychischer Ausgeglichenheit, stößt oft an ihre Grenzen, ehe der 16-Stunden-Tag zur Neige geht. Langfristig drohen weitere bedenkliche Folgen: Wer in diesen wichtigen Jahren »alles« für sein Kind gab – und das sind heute noch zumeist die Mütter -, tut sich oft mit der späteren Trennung schwer. Ein Jugendlicher, der sich von der Familie »absondert«, erscheint dann leicht als undankbar.

Doch noch sind wir nicht so weit. Noch regiert ein(e) Tyrann(in), hoffentlich über mehr als einen Untertanen: Das gleiche Kleinkind kann ein Drama von beachtlicher Intensität inszenieren, wenn die Eltern sich anschicken, ihre Mäntel anzuziehen und es für einen Abend zu verlassen. Kommen sie jedoch vor der Zeit wieder, so werden sie keines Blickes gewürdigt. Ganze Zoobesuche werden zu Non-Stop-Nachlaufspielen: Weglaufen und Gefangenwerden ist das Grundmuster. Die Fähigkeit, sich von den Eltern zu entfernen, macht dem Kind Angst. Immer wieder muss es sich vergewissern, dass sie wirklich alles daransetzen, es einzufangen, um es nicht zu verlieren. Sprechen wir schon von der Pubertät? Nein, aber Sie sollten sich auf Wiederholungen gefasst machen.

Trennen – zusammenbleiben. Allein – gemeinsam. Diese Gegensatzpaare verlassen uns nun nicht so schnell. Denn das

Kind will beides: Seinen vergrößerten Aktionsradius genießen und die verlässliche Sicherheit der offenen Arme, die es jederzeit auffangen könnten, im Hintergrund behalten. Die Lage wird also kompliziert, deshalb muss ein neues Verständigungsmittel her: Die Stunde der sprachlichen Kommunikation hat geschlagen. Die »Mutter«sprache wird langsam, aber sicher zum neuen Medium der Verhandlungen. Gut, dass die Kleinkinder nun in der Lage sind, einfache Objekte zu benennen, dass sie bald auch sprachlich Beziehungen werden herstellen und Wünsche werden äußern können. Ganz abgesehen davon, dass es nicht mehr lange dauern wird, bis sie ein großes Wort gelassen aussprechen: Ich.

Nelly lernt das Wörtchen »Ich«

Die Schriftststellerin Christa Wolf hat diesem entscheidenden Schritt auf dem Weg zur Individualität in ihrem Roman »Kindheitsmuster« ein eindrucksvolles literarisches Denkmal gesetzt. Die Kindheitserinnerungen des kleinen Mädchens Nelly beginnen mit dem Tag, als es vor dem Lebensmittelladen der Eltern saß »und in Gedanken das neue Wort ausprobierte, ICH ICH ICH ICH ICH, jedes Mal mit einem lustvollen Schrecken, von dem es niemandem sprechen durfte. Das war ihm gleich gewiss.« Nelly, ganz offensichtlich eine Romanfigur, hinter der sich viel von dem kleinen Mädchen Christa verbirgt, weiß sofort, dass die neue Errungenschaft, die sie mit Freude und Stolz erfüllt, ihren Preis hat. Die Kehrseite des Selbstbewusstseins ist die Einsamkeit, die Kehrseite der Selbstständigkeit besteht in der Notwendigkeit, sich gründlicher als zuvor abzunabeln. Nelly geht an diesem historischen Tag langsamer als an früheren Tagen ins Haus zur Mutter, »denn ein Kind, das zum ersten Mal in seinem Leben einen Schauder gespürt hat, als es ICH dachte, wird von der Stimme der Mutter nicht mehr gezogen wie von einer festen Schnur.« Die Trennung von der dritten

Person, für die das Kind sich bisher gehalten hat, die Fähigkeit, sich für jenes ganz Besondere zu halten, das jeder nur für sich selbst sein kann, ist zugleich die Geburtsstunde der Persönlichkeit. Nicht nur für das Kind Nelly ist die neue Macht beängstigend. Denn der mit ihr verbundene weitere Schritt der Lösung von den Eltern kann nicht mehr rückgängig gemacht werden. »Warum sind Schreck und Triumph, Lust und Angst für dieses Kind so innig miteinander verbunden, dass keine Macht der Welt, kein chemisches Labor und gewiss auch keine Seelenanalyse sie je wieder voneinander trennen werden?«

Vertrauen und Selbstbewusstsein

Kinder, die »ich« sagen können, werden langsam, aber sicher Individualisten. Mit zwei, drei Jahren, so wieder Mahlers Team, nehmen nämlich die Unterschiede in der jeweiligen Entwicklung so sehr zu, dass keine allgemeinen Gesetzmäßigkeiten mehr aufgestellt werden können. Zwei Aufgaben stellen sich im dritten Lebensjahr jedoch für alle Kinder.

Die erste nennen die Wissenschaftler »Objektkonstanz«. Sie besteht darin, ein festes Bild von Vater und Mutter (und anderen wichtigen Personen, die das Kind gut kennt) auch aus der räumlichen und zeitlichen Entfernung aufrecht zu erhalten, so dass man sich zeitweilig von ihnen trennen kann, ohne sie ganz zu verlieren. Man hat sie ja im Kopf, im Gefühl und in der Erinnerung »abgespeichert«. Die zweite heißt »erste Selbstgrenzen« und meint die beginnende Gewissheit darüber, wo man selbst anfängt und wo man aufhört. Nur diese Gewissheit befähigt dazu, »ich« zu sagen.

Die Entwicklungspsychologen setzen die Phase dessen, was sie Separation und Individuation nennen, im Alter zwischen 18 Monaten und drei Jahren an. Was im besten Fall dabei herauskommen kann, bringt Nancy Friday auf den Punkt: »Wenn wir Glück haben und Mutter liebevoll zu uns war, entwickeln wir mit drei oder dreieinhalb Jahren ein Gefühl unserer selbst als abgesonderte Person – immer noch geliebt von der Mutter, aber mit einem Eigenleben, das nicht das ihre ist.«

Eine solche Entwicklung ist natürlich für Jungen wie für Mädchen der erstrebenswerte Glücksfall. Für Mädchen bedeutet das Gelingen dieses Entwicklungsschritts jedoch weit mehr, davon ist nicht nur Nancy Friday überzeugt. Weil die Mutter als gleichgeschlechtliche Erwachsene für das Mädchen unweigerlich ein Modell darstellt, ist nicht nur ihr bewusstes erzieherisches Verhalten, sondern auch ihr eigenes Selbstgefühl von Bedeutung. Ein Junge wird sich nicht mit seiner Mutter identifizieren: Für ihn ist wichtig, dass er Vertrauen entwickeln konnte, weil sie als Bezugsperson verlässlich war. Mit diesem »Urvertrauen« ausgestattet, zieht er gewissermaßen in die Welt hinaus. Was und wie er dort werden will, ob Robin Hood oder Albert Einstein, richtet sich weitgehend nach anderen Modellen. Zu denen auch sein Vater gehört.

Für das Mädchen aber zählt darüber hinaus, ob die Mutter dieses Vertrauen auch in sich selbst besitzt. Und das heißt auch: ob sie es von der eigenen Mutter mitbekam. »Entscheidend für unser Leben ist ebenfalls das Bild von ihr als Frau, *ihr* Gefühl von grundlegendem Vertrauen, das *ihre* Mutter ihr gegeben hat.« Hat sie dieses selbstbewusste Lebensgefühl, als eigenständige Person stark und dem Lebenskampf gewachsen zu sein, nicht oder nicht genug, so gibt sie den Mangel weiter: »Wenn unsere Mütter selbst keine gesonderten Personen sind, können wir gar nicht anders, als ihre Angst und Furcht in uns aufzunehmen, ihr Bedürfnis, mit jemand anderem in Symbiose zu leben.« Wie ein Fluch wird dieses Bedürfnis, mit Partnern, Freundinnen oder auch den eigenen Kindern »verschmelzende« Beziehungen einzugehen, dann von Generation zu Generation weitervererbt.

Nancy Friday nennt in ihrem Buch »Wie meine Mutter« bedrückende Beispiele für den Zwang, lebenslänglich in Symbiose zu leben. Und sie spricht von dem Preis, der dafür zu zahlen ist: Er heißt Abhängigkeit. Was sie meines Erachtens aber nicht genug betont: Für die junge Mutter und ihre dreijährige Tochter ist in dieser Beziehung nicht schon alles gelaufen, und das schlimmstenfalls falsch. Es spricht im Gegenteil viel dafür, dass auch eine spätere Entwicklung der Mutter zu mehr Selbstständigkeit und Bewusstsein des eigenen Werts noch fruchtbar ist: Für die Mutter selbst *und* für die Heranwachsende. Selbst wenn ihre Tochter schon im Teenager-Alter ist, kann eine Mutter ihr noch weitergeben, was sie in der Zwischenzeit für sich entdeckt hat. Mehr noch: »Auch die Beziehungen zwischen Mutter und erwachsenem Kind, das vielleicht selber schon wieder Mutter ist, sind grundsätzlich wandelbar und entwicklungsfähig«, betont der Psychoanalytiker Andreas E. Benz. Das Thema wird uns also auch in diesem Buch noch eine Weile begleiten.

Ich und die anderen

Doch zurück zu den Dreijährigen: Nicht zufällig ist das normalerweise auch das ideale Alter, um das Gruppenleben zusammen mit anderen Kindern zu beginnen: Das Kind wird »kindergartenreif«. Es beginnt, sich für seine »Peers« zu interessieren, eine Entwicklung, die wenig später eine ganze entscheidende Rolle bei der Loslösung von den Eltern spielen soll. Erstmals werden die Altersgenossen zum Maßstab für das eigene Handeln, und allmählich wird deren Anerkennung für unsere Kinder wichtiger als die der eigenen Eltern.

»Es liegt nicht an uns, sie zu vervollkommnen oder zu ruinieren: Sie gehören der Zukunft.« Als Newcomerin hat die Psychologin Judith Rich Harris kürzlich in den USA mit ihrem Buch »The Nurture Assumption« eine kleine Revolution im Bereich der Erziehungsratgeber ausgelöst. Die Aufsehen erregende These der Mutter von zwei Kindern: Nicht die Erziehung durch die Eltern, sondern der Einfluss der Gleichaltrigen ist für die Entwicklung von Kindern prägend. Die neue frohe Botschaft lautet: Eltern, entkrampft euch, hört auf, euch so unsäglich viel Mühe zu geben und es als eure Schuld zu betrachten, wenn die Sprösslinge »missraten«. Denn das liegt einerseits an den Genen, andererseits und vor allem aber an der Gesellschaft, in der eure Kids sich bewegen. Was Sie nach Meinung der amerikanischen Psychologin allenfalls tun können: In ein gutes Wohnviertel ziehen und Ihre Kinder in einer angesehenen Schule anmelden, damit sie die richtigen Freunde bekommen. Ihm oder ihr das richtige Outfit gönnen und alles dafür tun, dass es gut aussieht und nicht gehänselt wird. Die Schönheitsoperation, so spitzt die Bestsellerautorin die Sache sehr amerikanisch zu, kann bedeutsamer sein als gemeinsame Unternehmungen.

Rich Harris meint vor allem die Kinder im Alter von drei Jahren an. Natürlich würde sie nicht behaupten, dass für Babys und Kleinkinder die Eltern nicht sehr prägend sind. Als gutes Modell preist sie hier sogar ausdrücklich die »primitiven« Gesellschaften, in denen die Kinder in den ersten zwei Lebensjahren ganz eng und ungetrennt mit der Mutter zusammenleben. Danach aber sei es ganz und gar normal, wenn Kinder und Eltern einen deutlichen Trennungsstrich ziehen. Denn sobald die Heranwachsenden können, stürzen sie sich auf das Zusammensein mit Menschen ihrer Art.

Jedem, der das liest, fallen sofort Kinder ein, die für Rich Harris Modell gestanden haben könnten. Mir etwa die dreijährige Katharina, die sich nach jedem Kindergartentag am liebsten für den Nachmittag verabredet und ihre übliche Liebenswürdigkeit sehr schnell verlieren kann, wenn ihre Mutter Gegengründe geltend macht. Schon mit zweieinhalb Jahren tat sie nichts lieber, als bei Freunden zu übernachten.

Katharina ist kein Einzelfall, aber wie passen die schüchternen Kinder in Rich Harris' Konzept? Die Fünfjährigen, die nicht allein (sprich: ohne Eltern) zum Kindergeburtstag wollen, die Neunjährigen, die Angst vor der Klassenfahrt haben?

Offensichtlich sind nicht alle Kinder gleichermaßen am »ungeschützten« Kontakt mit den Peers interessiert. Wie sind die Unterschiede zu erklären? Hat sich Katharina früher von der Mutter gelöst? Oder ist, wie man umgekehrt ja auch annehmen könnte, ihre Bindung zur eigenen Familie stabiler, so dass sie es sich leisten kann, außer Haus zu übernachten? Weil sie sich darauf verlassen kann, dass zu Hause alles beim Alten bleiben und die Welt nicht einstürzen wird, während sie nicht da ist? Ist Katharina ein Kind, das schon mit einem Jahr auf dem Spielplatz seltener zur Mutter zurücklief? Oder sind seither Erfahrungen hinzugekommen, die ihr das Leben als Welteroberin ermöglichen? Ist das zurückhaltende Kind aus der gleichen Kindergartengruppe, das mit den Freundinnen allenfalls im eigenen Kinderzimmer spielen will, durch die harte Schule der Unsicherheit gegangen und hat deshalb Angst, die schützende Hand der Mutter loszulassen? Oder hat es einfach eine andere »Veranlagung«, ein anderes Temperament?

Diese Fragen sind ungeklärt, und Rich Harris stellt sich ihnen nicht. Falls wir nicht die Antwort als genügend betrachten, die Gene der Kinder seien eben verschieden, und Forschheit sei im gleichen Maß erblich wie blaue Augen. Dafür hat das Buch von Judith Rich Harris ein anderes, nicht zu unterschätzendes Verdienst: Sie richtet die Aufmerksamkeit ihrer elterlichen Leser auf die Tatsache, dass die Loslösung von den Eltern früher beginnt als bisher angenommen. Die wichtigsten Jahre sind die zwischen sechs und zwölf, also die präpubertäre Schulzeit.

Als Beweis für die Richtigkeit dieser These könnte man zum Beispiel das Thema Kleider betrachten: Kaum eine Grundschülerin lässt sich heute noch von ihrer Mutter abends die Kleidung zurechtlegen, die sie am nächsten Morgen in der Schule tragen soll. Ohnehin wurden die Sachen von der Tochter ausgesucht, bei einem gemeinsamen Bummel, bevorzugt in einem schwedischen Bekleidungshaus... Das war noch vor zwanzig Jahren radikal anders: Die Mütter brachten meist aus der Stadt mit, was sie für die Kinder für passend hielten. Und abends legten sie es auf den Stuhl neben dem Bett. Das große modische Bewusstsein der heutigen Grundschüler, ihr Bestreben, das zu tragen, was den Peers gefällt, ihre Orientierung an jugendlichen Vorbildern könnte ein Anzeichen dafür sein, dass Mädchen und Jungen sich heute früher von ihrer Mutter lösen. Nicht nur in Geschmacksfragen ist sie nicht mehr der Maßstab schlechthin.

Dieser Beschleunigung des Abnabelungsprozesses trägt Rich Harris Rechnung. Während fast alle Erziehungsratgeber weiterhin die Pubertät als den Einschnitt schlechthin bezeichnen – und damit gehörig mystifizieren -, setzt die Psychologin bei den Grundschülern an. Und sie zeigt überzeugend, dass das Gelingen der allmählichen Ablösung vom Elternhaus viel mit der Akzeptanz in der Gruppe der Altersgenossen zu tun hat. Um in diesen Kreisen beliebt zu sein, muss ein Kind sich anders geben als zu Hause. Es lernt, sich auf verschiedene Arten von Beziehungen einzustellen. Für einen verantwortungsbewussten Ältesten kann das die Chance sein, sich von seiner albernen und unvernünftigen Seite zu zeigen. Das erklärt, warum viele Eltern ihren Sohn oder ihre Tochter in der Bescheibung der Klassenlehrerin beim besten Willen nicht wiederkennen. Obwohl das Bild bisweilen auch äußerst schmeichelhaft ausfällt: Wie bitte, dieser Sohn, der zu Hause keine Kabbelei mit seinem großen Bruder auslässt, genießt in der Klassengemeinschaft als Schlichter höchstes Ansehen? Diese dreizehnjährige Tochter, die meist muffelig am familiären Esstisch sitzt, gilt in der Klasse als charmant und aufgeschlossen? Sich vom Elternhaus zu lösen bedeutet in diesem Alter vor allem, in unterschiedlicher Gesellschaft auch unterschiedliche Rollen einnehmen zu können. Auch wenn man manchmal Angst bekommen könnte, dass das eigene Kind sich zum Chamäleon entwickelt: Die Fähigkeit, sich flexibel auf eine neue Gruppensituation einzustellen, ist ein nicht zu unterschätzendes »Kapital« fürs Leben.

Pubertät – Stress von früh bis spät?

Nein, dies ist nicht das Hauptkapitel des Buches. Die Pubertät ist nur eine unter mehreren Ablösungsphasen, die zur menschlichen Entwicklung gehören. Verena Kast wählt für den gesamten Ablösungsprozess das Bild der Zwiebel: Immer wieder im Verlauf der menschlichen Entwicklung wird eine einzelne Haut abgestreift. Was sich in der Pubertät ablöst, scheint allerdings zugegebenermaßen eine besonders dicke Schale zu sein: Der Vorgang ist deutlich spektakulärer als alle vorangegangenen Häutungen, das Früchtchen geht daraus erkennbar verändert hervor.

Doch es lohnt sich, genauer hinzuschauen. Da ist zunächst das Wort Pubertät. Es heißt so viel wie Geschlechtsreife oder »Mannbarkeit« und legt das Schwergewicht auf das, was mit dem Körper des Jugendlichen passiert, und das ist ja bekanntlich nicht wenig.

Da unser Thema die Ablösung der Tochter von der Mutter ist, müssen wir uns mit der »Weibbarkeit« beschäftigen. Dass sie zum gleichen Geschlecht gehört wie die Mutter, wusste die Tochter schon länger. Und sie mag dazu stehen wie sie will: Nun wird es sichtbar und konkret. Mutter und Tochter teilen etwas sehr Bedeutsames. Das aber hat keineswegs automatisch zur Folge, dass sie sich nahe stünden. Es kann auch heute noch sein, dass die Mutter es nicht übers Herz bringt, mit der Tochter darüber zu sprechen, wie es ist, den Körper einer Frau zu haben. Auf jeden Fall aber hat diese Art von Sprachlosigkeit das Verhältnis der Töchter früherer Generationen zu ihren Müttern vergiftet. Weil das noch nicht gar so lange her ist, hierzu ein Zeitzeuginnenbericht.

Eine Geschichte aus vergangenen Tagen

Die 77-jährige Olga berichtet:
»Ich war gerade dreizehn geworden. Ich erinnere mich genau an den Tag. Es war im Sommer, wir waren an der Ostsee, die ganze Familie. Das Wetter war nicht so schön, aber wir haben uns dick eingepackt und Sandburgen gebaut. Und nach dem Mittagessen, auf der Toilette in der Pension, da habe ich dann den Blutfleck gesehen. Ich habe einen riesigen Schrecken bekommen! Ich habe ja gar nicht gewusst, was los ist. Ich hatte Panik: Blut, eine schwere Krankheit, ich werde sterben. Warum fließt das aus mir heraus? Und was soll ich tun? Ich habe mir eine neue Unterhose genommen, zur Sicherheit ein bisschen Klopapier hineingestopft, meinen Bademantel übergezogen und meine große Schwester gesucht. Einem musste ich es ja erzählen.

Meiner Mutter wollte ich keine Angst machen. Sie war ein bisschen zimperlich, konnte kein Blut sehen und hat sich immer gleich so aufgeregt. Und, na ja, mein Verhältnis zu ihr war auch nicht so eng. Über körperliche Dinge, wie wir aussahen und ob wir uns schön fanden und all das, da habe ich immer mit meiner älteren Schwester Helene gesprochen. Zu ihr hatte ich viel mehr Vertrauen.

Sie hat mir dann auch erklärt, dass ich nicht krank bin, dass das ganz normal ist, dass ich das ab jetzt öfter und bald regelmäßig jeden Monat kriegen werde. Und sie hat mir einen Bindengürtel aus einem elastischen Material gegeben. Das war damals der neueste Schrei: Man konnte eine Binde aus Zellstoff einfädeln, die dann mehr oder weniger gut gehalten hat.

Meine Enkelkinder können sich nicht vorstellen, dass ich wirklich noch nichts von der Sache wusste. Bei meiner Tochter im Haus liegen doch massenweise Tampons und Slipeinlagen im Bad herum. Ein Haushalt mit mehreren Frauen, und dann diese Geheimsache, heute unvorstellbar! Alles war tabu, wurde versteckt, geheim gehalten.

Ich habe mich an diesem Nachmittag in meinem Bett vergraben. Mir war hundeelend zu Mute. Helene hat sich noch ein bisschen zu mir gesetzt und mir erklärt, so ein bisschen Bauchweh, das sei ganz normal. Wegen der Gebärmutter in meinem Bauch, mit der ich auch an diesem Tag zum ersten Mal Bekanntschaft machte.

Als ich dann allein war, habe ich geheult. Nein, nicht wegen Bauchweh, sondern wegen dieser Welt aus Lug und Trug. Da bauen sie Sandburgen und singen Lieder und kochen Erbsensuppe und ermahnen uns zum Geradesitzen. Und derweil gehen ganz andere Dinge in der Welt vor, geheim gehaltene, dunkle, bedrohliche. Ich habe plötzlich ganz messerscharf nachgedacht und bin zu dem Schluss gekommen: Es ist höchstwahrscheinlich, dass die Erwachsenen mir noch ein paar andere Dinge von höchster Wichtigkeit vorenthalten. Dinge, die die Frauen angehen. Dinge, die eigentlich meine Mutter mir erzählen müsste. Aber ich war zu müde, um ihnen gleich auf der Stelle nachzugehen. Diese Müdigkeit, diese Resignation hat das Verhältnis zu meiner Mutter bestimmt. Ich habe an diesem Tag aufgehört, wirkliche Hilfe von ihr zu erwarten.«

Zwei Frauen

Olgas Geschichte ist Vergangenheit. Immer mehr Mütter führen lange Gespräche über alle Aspekte der Menstruation mit ihren zehnjährigen Töchtern, manche inszenieren sogar ein kleines Fest, wenn es so weit ist. Sie wollen ihre Töchter nicht im Stich lassen. Sie wollen vor allem die Fehler früherer Generationen auf keinen Fall wiederholen. Das ist ein immenser Fortschritt, den man in seiner Bedeutung für das gegenseitige Vertrauen der Generationen kaum überschätzen kann!

Aber gleichzeitig suchen die Mütter oft auch etwas Wichtiges für sich selbst: Vielleicht eine Art von Nähe, die es mit der eigenen Mutter nicht gab, die Erfüllung einer alten Sehnsucht. In der

Mutterolle wollen sie die Szenen erleben, die ihnen in der Tochter-Biografie fehlen. Das birgt eine neue Gefahr in sich. Denn wer weiß, ob die Tochter das gleiche Bedürfnis hat? Will die nicht viel lieber mit den Freundinnen über Tampons und Slip-Einlagen fachsimpeln als mit der Frau, die einst ihre Windeln wechselte? Die körperliche Scham, die ein junges Mädchen auch gegenüber einer Mutter empfinden kann, die in Sachen Aufklärung ganze Arbeit geleistet hat, ist kein Misstrauensbeweis. »Ich ziehe mich in Gegenwart von Freunden ohne Zögern aus, doch bis auf den heutigen Tag ziere ich mich vor meiner Mutter«, bekennt Nancy Friday. Vielleicht macht gerade die Nähe die Abgrenzung nötig. Ich bin fest davon überzeugt: Eine Mutter, die aufmerksam genug ist, um an sie gerichtete direkte oder indirekte Fragen nicht zu überhören, braucht keine Angst zu haben, dass die Tochter sich über Gebühr verschließt.

Vorausgesetzt, sie lässt nicht die Tochter für sich leben. Wenn allerdings die Mutter ihre Tochter gewissermaßen als Stellvertreterin betrachtet und das aufregende erotische Leben, das sie selbst nicht führt, wenigstens in Berichtform genießen will, wird diese sich mit großer Wahrscheinlichkeit der Aufforderung verschließen. Sie muss es tun, denn sie hat ein eigenes Leben zu verteidigen. Nicht zuletzt ein eigenes Liebesleben.

Diskretion zwischen den Generationen in Sachen Sex hat nichts mit Verklemmtheit zu tun. Die erwachende Sexualität der Tochter gehe ihre Mutter »schlicht und ergreifend nichts an«, betont die Autorin Petra Oelker mit Recht. Sie als ein ganz persönliches Gut zu betrachten, ist für eine eigenständige Entwicklung ausgesprochen wichtig.

Aber die Mutter macht sich doch Sorgen, sie will der Jüngeren doch mit Rat und Tat zur Seite stehen, will ihre Erfahrung zum Beispiel in Fragen der Verhütung doch weitergeben? Warum muss sich die Tochter gerade in dieser Situation von ihr abgrenzen? Eine ebenso verständliche wie müßige Frage: Denn wenn sie nicht reden will, wird auch nichts zu machen sein. Dann helfen nur drei Dinge: Geduld, natürlich, das aufmerksame Warten auf bessere Tage und günstigere Augenblicke. Aber auch die Fähigkeit, das eigene Leben in vollen Zügen zu genießen und der Tochter ohne Worte einen Eindruck davon zu geben, dass und wie das für eine Frau möglich ist. Und drittens das Bewusstsein, dass dieses Kind vom eigenen Geschlecht den Weg zum großen Ziel, eine Frau zu werden, nicht mit vollem mütterlichen Geleitschutz antreten kann. Die Pubertät ist nicht zuletzt auch der Kampf gegen die Gefahr, als Klon der Eltern auf dieser Welt zu leben.

Wachsende Entfernung

Doch halt: Der Begriff Pubertät meint, wie gesagt, im Wortsinn die körperliche Reifung. Deshalb war auch zuerst von den Folgen des körperlichen Prozesses die Rede, der ein Kind zur Frau macht. Die Soziologin Eva Mühlbauer-Braun schlägt in ihrem lesenswerten Buch »Erwachsen werden« für die fragliche Entwicklungsphase stattdessen den Begriff Adoleszenz vor. Das heißt so viel wie Zeit der Reifung, Zeit des Heranwachsens und ist umfassender gedacht. Denn es meint mehr als körperliche Entwicklung.

In der Adoleszenz wird so gesehen etwas fortgesetzt, das mit der Geburt begann: Das Kind löst sich von seinen Eltern. Der Grundschüler tut das, wie wir im letzten Abschnitt sahen, indem er beginnt, seine Altersgenossen wenn nicht zum Maß aller, so doch zum Maß vieler Dinge zu machen.

Der Jugendliche entdeckt ein völlig neues Problem, das dem Kind noch nicht zu Bewusstsein kam: Er hat sich seine Eltern nicht ausgesucht. Er entdeckt an ihnen Schwächen, peinliche Züge, vielleicht sogar Fehler und Mängel, die ihn sehr bedrücken. Die Adoleszenz ist für die meisten Jugendlichen die Lebensphase, in der sie die Allmacht der Erzeuger in Frage stellen. Das ist für beide »Parteien« ein schmerzlicher Prozess:

Die Eltern fühlen sich nicht nur vom Sockel gehoben. Das wäre nicht weiter tragisch, denn auf den wollten sich moderne Erziehungsberechtigte wahrscheinlich ohnehin nie stellen. Nein, sie fühlen sich grundsätzlich in Frage gestellt. Ihre Lebensziele, ihre Werte, ihre Begabungen, ihre Vorlieben und ihr Lifestyle: Alles ist plötzlich veraltet, war in den Augen der Kids bestenfalls »zu eurer Zeit« einmal gültig.

Weil sie sich von den eigenen Eltern so weit entfernt fühlen, so fremd und auch so einsam, denken manche Jugendliche in dieser Zeit sogar, sie seien eigentlich nicht die leiblichen Kinder gerade dieses Ehepaars. Corinna zum Beispiel, die anders war als ihre Schwestern, die mit 16 von der Schule gehen und eine Lehre machen wollte, statt im Gymnasium Griechisch zu büffeln, und die lieber in die Disco ging als im Schulorchester Geige zu spielen, hatte eine Zeit lang solche Gedanken. Auf ihre Eltern wirkte sie wie die Rebellin der Familie, die keinen an sich heranließ und jede Nähe unmöglich machte. Die Innensicht war anders: Trotz des guten Kontakts zu einigen Freundinnen und der großen Beliebtheit bei »den Jungs« fühlte ein Teil von Corinna sich einsam: Sie hatte keine Eltern! Ihre »wahre« Mutter und ihr »wahrer« Vater lebten in einem Land, in das nur die Sehnsucht reichte. Wie der Held von Astrid Lindgrens Roman »Mio mein Mio« hätte sie nichts lieber getan, als diese fürstlichen und edlen Menschen zu finden, mit denen sie eine echte Verwandtschaft verband. Und den Spießern aus der Vorstadtsiedlung, die mit ihr nichts zu tun hatten, endgültig den Rücken zu kehren. Sigmund Freud nennt die Geschichten, die sich Jugendliche in einer solchen Situation manchmal herbeifantasieren, »Familienromane«.

Meist ist es die Mutter, die ein Mädchen in einer solchen Situation als »die falsche« empfindet. Die Märchen von Aschenputtel und Schneewittchen zeigen in der Deutlichkeit, die für diese Erzählform typisch ist, wie die Frau gesehen werden kann, die den Platz der Mutter zu Unrecht besetzt. Auch Corinna war überzeugt, dass ihre Mutter (oder Stiefmutter?) nur die braven, fleißigen Schwestern liebte. Doch als das »schwarze Schaf der Familie« in der Mutter einer Freundin eine erwachsene Vertraute fand, die ihre Probleme besser verstand, reagierte Corinnas Mutter ihrerseits ausgesprochen eifersüchtig.

Es ist sehr schwer, aber wir sollten uns freuen, wenn unsere Töchter in dieser schwierigen Zeit der »Gegen-Allmachts-Reaktion« eine mütterliche Freundin finden, deren Rat für sie zählt und zu der sie eine Wahlverwandtschaft empfinden können. Die Tatsache, sie selbst gewählt zu haben, ist dabei wahrscheinlich ganz besonders entscheidend.

Der Kampf gegen den Beifall

»Um selbstständig zu werden«, so Eva Mühlbauer-Braun über die Jugendlichen im Clinch mit den Eltern, »müssen sie es darauf ankommen lassen, den Eltern gerade nicht zu gefallen.« Wenn die Erwachsenen darauf mit unendlicher Bereitschaft zur Anpassung und Änderung reagieren, wenn sie jede neue Musikrichtung, jeden noch so provozierenden Look »ganz toll« finden, ist nichts gewonnen: Sie verlieren ihre Würde und die Heranwachsenden ihre Stütze. Das Lebenskonzept der Eltern büßt dadurch den letzten Rest an Überzeugungskraft ein, der ihm vielleicht noch geblieben ist: Was kann die Liebe zur klassischen Musik schon wert sein, wenn man sie so schnell über Bord werfen und den ganzen Tag »Radio Energy« hören kann? Muss die Frau, die ihren Kindern die Muttersprache beibrachte, nun jeden Slang-Ausdruck, den sie für 14 Tage gebrauchen, in ihren aktiven Wortschatz übernehmen? Muss sie den halben Inhalt ihres Kleiderschranks zur Altkleidersammlung bringen, weil die Pullis nun eng und die Hosen weit zu sein haben? Na klar: Mit Jugendlichen zusammenzuleben, hält jung. Aber der »Jemand« darf nicht verschwinden, der da jung bleiben will!

Wie können Eltern in dieser Zeit also helfen? »Felsenfest sein«, rät Mühlbauer-Braun, aber zugleich flexibel. Das klingt nicht gerade nach einer leichten Übung. Aber wer sagt denn, dass es leicht sei, Jugendlichen eine gute Mutter oder ein guter Vater zu sein? Grenzen setzen ist manchmal nötig, Humor kann der Mutter dabei helfen: »Eine Mutter, die findet, dass sie sich zum Besten ihrer Tochter und gegen deren Protest spießig geben muss, braucht ein gewisses Maß an Ironie«, stellt Nancy Friday meiner bescheidenen Erfahrung nach zu Recht fest. Und nennt damit das für diese Phase wichtigste Stichwort überhaupt. Ohne die gewisse Distanz, die sich in leiser Ironie zu erkennen gibt, und die Gelassenheit, die sich in lebensbejahendem Humor ihren Ausdruck verschafft, ist Festigkeit weit schwerer zu erreichen. Die Aufgabe ist ja höchst undankbar, denn die Tochter braucht diese Regeln, muss aber gleichzeitig gegen sie rebellieren. Festigkeit ist verlangt – und wer sie aufbringt, geht streng genommen kein Risiko ein. Denn ohnehin kann die Mutter einer Zwölf- bis Fünfzehnjährigen (Altersangabe ohne Gewähr!) ziemlich sicher sein, in den Augen der Tochter alles falsch zu machen. Alle anderen dürfen mehr: Länger abends ausgehen, ihr Zimmer vergammeln lassen.

Aber kaum war sie sechzehn geworden, da gestand die Tochter einer Freundin ihrer Mutter, die vorher wegen übertriebener Ordnungsliebe ständig am Pranger stand: »Mit Saskia würde ich nie zusammenziehen. Für eine WG ist sie zu chaotisch.« Triumph der Erziehung oder Beweis dafür, dass die elterlichen Maßstäbe erstaunlich »unkaputtbar« sind, egal, was man tut? Was ja auch beängstigend sein könnte? Meine Freundin grübelte darüber nicht allzu lange nach: Die Bemerkung der Tochter tat ihr einfach gut. Und wenn es um Balsam für die Seele geht, sollte man nicht allzu wählerisch sein. Vor allem, wenn man die Mutter einer Sechzehnjährigen ist und kämpferische Jahre hinter sich hat.

Wider die klebrige Gebundenheit

Über den Hintergrund für die Konflikte zwischen Jugendlichen und ihren Eltern nachzudenken, ist aber wichtig, um den Trouble im eigenen Haus ein wenig einzuordnen, zu relativieren und dadurch verdaulicher zu machen. Der Psychoanalytiker Helm Stierlin hat in seinem längst zum Klassiker gewordenen Buch »Eltern und Kinder. Das Drama von Trennung und Versöhnung im Jugendalter« seine Forschungen und Gedanken zum Thema zusammengefasst. Schon die Ausgangsbedingungen machen die Lage schwierig, so Stierlin. Der oder die Jugendliche ist intellektuell dank guter Schulbildung und zahlreicher familiärer Diskussionen schon weit entwickelt. Er ist fast im Vollbesitz seiner körperlichen Kräfte, seine Vitalität ist zudem auf dem aufsteigenden Ast. Die alte absolute Loyalität zu seinen Eltern hat der engen Verbindung zu den Peers Platz gemacht.

Anders sieht es auf der Elternseite aus: Sie sind vielleicht gerade in einer Midlife-Crisis, haben gesundheitliche Probleme oder wissen doch, dass ihre Vitalität in Zukunft eher ab- als zunehmen wird. Dass die Kinder groß werden, erinnert sie nur allzu sehr daran. Allerdings können sie Einfluss und Erfahrung in die Waagschale werfen. Sie kennen die Schwächen der Kinder, mit denen sie von klein auf zusammenlebten. Und sie haben nicht zuletzt die wirtschaftliche Macht: die Jugendlichen leben schließlich meist vom Geld der Eltern. Nicht ohne Grund ist das Thema Geld ein Dauerbrenner.

Der Generationenkonflikt lässt sich nicht vermeiden, davon ist Stierlin überzeugt. Doch er kann als »liebevoller Kampf« ausgefochten werden: Statt »klebriger Gebundenheit« von unglücklichen Kontrahenten, die nicht voneinander lassen können, ist vielleicht ein klarer Schnitt vonnöten: Am Anfang einer neuen Art, miteinander umzugehen, steht die Erkenntnis der Verschiedenheit der Interessen und Bedürfnisse. Man kann ja trotzdem miteinander reden, und man sollte nicht aufhören, es zu tun.

Die Aufgabe der Psychotherapeuten sieht Stierlin in schwierigen Fällen vor allem darin, den unterbrochenen Dialog zwischen Eltern und Kindern wieder in Gang zu setzen. Es gelten die bekannten Regeln: Sprich davon, wie du die Situation empfindest. Sende also »Ich-Botschaften« aus: »Mich stört es, wenn die Musik so laut ist. Denn ich muss morgen früh aufstehen«, statt: »Dich stört es wohl überhaupt nicht, dass ich nicht schlafen kann?« Arbeite nicht mit Unterstellungen. Gib der anderen »Partei« nicht von vorne herein die Schuld.

Typischerweise vertreten die Eltern in dieser Zeit das ungeliebte Realitätsprinzip. Sie vermitteln ihren Kindern: Du brauchst schließlich eine gute Ausbildung. Ohne Fleiß kein Preis. Bereits zur Karikatur geworden, aber angeblich immer noch im Umlauf sind Formulierungen wie: Solange du die Füße unter meinen Tisch streckst.

Die Jugendlichen fliehen dagegen oft in Träume von einem besseren Leben und einer besseren Welt. Die Wirklichkeit der Welt, in der sie leben, wirkt dagegen arm. Trotzdem können sie sich zu gegebener Zeit der Erkenntnis nicht verschließen, dass der Abwasch erledigt werden muss. Die Eltern müssen sich deshalb nicht aufs Jammern beschränken. Sie können die »Drecksarbeit« mit den vitalen jungen Menschen teilen, mit denen sie eine Wohngemeinschaft auf Zeit bilden.

Die 19-jährige Zoé sieht das ganz realistisch: Natürlich hat sie keine Lust, das Bad zu putzen. »Aber wenn meine Mutter erwartet, dass ich von selbst sehe, wann in unserem Haushalt was zu machen ist, und einfach zupacke, wird es nie klappen. Ich habe vorgeschlagen, einen Putzplan aufzustellen. Sie findet das zu bürokratisch. Naja, ich gebe zu: Ich reiße mich nicht drum, das Bad zu putzen. Dann lassen wir's halt beim Alten. Aber sie hat so eine Art Aschenputtel-Komplex, und der ist unerträglich.« Besser ein »bürokratischer« Putzplan, an den sich alle halten müssen, als die Märtyrerrolle der Mutter!

Es kommen ja ohnehin neue Herausforderungen auf Mutter und Tochter zu: Jetzt, wo das gemeinsame Leben manchmal richtig angenehm sein kann, weil am anderen Ende des Hormonterrors und der emotionalen Schwankungen der Pubertät junge Frauen zum Vorschein kommen, die das Zeug dazu haben, angenehme Mitbewohnerinnen zu werden, jetzt tragen sie sich so allmählich mit dem Gedanken – auszuziehen! Jedenfalls gibt es Vorboten dieses natürlichsten aller Wünsche: Sie bewundern die Studentenbuden der älteren Geschwister, lassen sich mögliche WGs durch den Kopf gehen, genießen den Alltag in der Familienwohnung, wenn die Eltern ohne sie auf Reisen sind. Auf Probe ohne Eltern zu leben ist dabei pädagogisch äußerst wertvoll: Es kann früher oder später beim Jugendlichen die Einsicht reifen, dass so ein Haushalt auch »geführt« werden will.

Trennung auf Probe: Das Auslandsjahr

Ein Thema, das besonders für deutsche Teenies und ihre Eltern in den letzten Jahren immer wichtiger geworden ist, ist der längere Auslandsaufenthalt während der Schulzeit. In manchen Schulen fehlt in der elften Klasse ein Drittel aller Schüler und Schülerinnen. Der weitaus größte Teil von ihnen hat sich für ein Highschool-Jahr in den USA entschieden. Einige verbringen auch ein paar Monate oder gleich ein ganzes Jahr in England, Australien, Neuseeland oder Frankreich. Diese neue deutsche Weltläufigkeit setzt Bürger unserer Nachbarländer in Erstaunen. Dass perfektes Englisch für die spätere Karriere wichtig ist, bezweifelt aber keiner.

Viel zu wenig untersucht ist jedoch bisher, was die längere Trennung für Kinder und Eltern bedeutet. Genug Stoff eigentlich für Psychologen und Soziologen. Doch da die meiste Fachliteratur zu unserem Themenkomplex aus den USA kommt, wo das Auslandsjahr (noch) nicht im Schwange ist, werden wir so schnell nicht auf die Bearbeitung dieser neuen deutschen Frage hoffen dürfen. Darum einstweilen die ganz subjektiven Erfahrungen einiger »Betroffener«.

Ich gehöre dazu. Und ich fand es toll, dass meine sechzehnjährige Tochter ein halbes Jahr in Amerika verbringen wollte. Mein Mann und ich haben sie bei den Vorbereitungen unterstützt. Wir mussten damit leben, dass der Klassenlehrer Eltern wie uns in die wenig schmeichelhafte Kategorie derer einordnete, die »viel Geld dafür bezahlen, dass sie die Gören ein Zeit lang vom Hals haben«.

Ich hatte selbst während meiner Schulzeit mehrere Monate in Frankreich verbracht, wenn auch nicht »am Stück«. Der Kulturschock war der Beginn einer großen Liebe zu Land und Leuten. Und einer Freundschaft zu Mireille, die bis heute lebendig ist. In meinem Bewusstsein war der Aufenthalt allerdings auch ein ganz entscheidender Schritt weg von den elterlichen Maßstäben. Ein sehr wichtiger Einschnitt also. Als meine »mittlere« Tochter gerade im Flugzeug nach Kalifornien saß, reichte trotz all dieser Einsichten aber eine kleine Bemerkung, um mich in Tränen aufzulösen: »Nun habt ihr nur noch eine«, hatte eine Freundin gesagt.

Das stimmte – wenigstens oberflächlich – für ein Jahr. Lebenszeichen in Form von Telefonaten, e-mails und Kreditkarten-Abrechnungen ersetzen das Zusammenleben nur sehr mangelhaft. Doch unsere Tochter und ihre gleich gesinnten Freunde kamen wieder. Sie hatten »Gasteltern« kennen gelernt, die für eine Zeit einige unserer Rollen übernahmen. Die zu unserer Freude meist die richtige Mischung aus Verlässlichkeit und Kritikwürdigkeit aufwiesen, so dass wir uns weder Sorgen machen mussten, die Jugendlichen würden vernachlässigt, noch auch, sie könnten uns auf den zweiten Rang verweisen.

Das Schönste an Gasteltern, aus der Sicht der »echten« Erziehungsberechtigten: Auch sie haben in den Augen der Kids Fehler, und die können sie vielleicht in der Willkommenswoche, nicht aber ein ganzes Jahr verbergen. Auch mit ihnen kann man in Konflikt geraten. Überdies: Auch in der Gesellschaft des Gastlandes herrschen für Jugendliche Einschränkungen, in den USA sogar weit mehr als bei uns.

Doch die Erfahrung, wie positiv sich die zeitweilige Trennung auswirken kann und wie wichtig die neuen Erfahrungen für einen Jugendlichen sind, stellt sich erst ein, wenn der Versuch gewagt wurde. Schon zuvor könnte Nancy Fridays Einsicht Trost spenden: »Die ironische Wahrheit besteht jedoch darin, dass man fürs ganze Leben miteinander befreundet sein kann, wenn man den Mut hat, einander gehen zu lassen.« Ich stimme ihr zu, bin jedoch persönlich mit der Bezeichnung »Freundschaft« für diese besondere Beziehung ein wenig vorsichtiger. Denn sie könnte falsche Hoffnungen wecken und damit eine Enttäuschung mehr verursachen. Doch das ist schon ein anderes Thema.

***Fazit:* Die Loslösung eines Kindes geht in mehreren, komplizierten Etappen und nie ohne Rückversicherung vor sich. Nicht alle Etappen sind gleich spektakulär, aber auch die stilleren sind bedeutsam.**

Nach Hause zurück nach einem Austauschjahr:

»Man weiß die Eltern jetzt mehr zu schätzen«

Ein Gespräch mit LENA (18), ZOÉ (19) und KATHARINA (17)

Ihr wart für viele Monate in den USA und habt dort bei einer Gastfamilie gelebt. Habt ihr die beiden eigentlich Mom und Dad genannt?

LENA: *Ich habe sie ganz selbstverständlich mit ihren Vornamen angesprochen. Sie Mom und Dad zu nennen, hätte ich vollkommen abwegig gefunden. Das Verhältnis ist nach und nach schon enger geworden als das zu den Müttern meiner Freundinnen hier in Deutschland. Aber so offen wie mit meiner Mutter habe ich mit meiner Gastmutter nie gesprochen.*

ZOÉ: *Andererseits wollte meine Gastmutter schon gerne, dass ich sie Mom nenne. Aber ich habe das auch nicht gemacht.*

KATHARINA: *Die wirklichen Eltern sind doch in Deutschland geblieben. Und man merkt in so einem Jahr schon, was man an den eigenen Eltern so hat. Da ist ja eine ewige Vertrautheit da, man kennt sie eben von klein auf und hat keine Hemmungen.*

LENA: *Und man verlässt sich darauf, dass die Eltern so bleiben wie sie sind. Dass man sie so wieder findet, wenn man zurückkommt.*

Hat sich etwas geändert im Verhältnis zu euren Eltern, seit ihr wieder da seid?

KATHARINA: *Vor meiner Abfahrt hatte ich oft Streit mit meinen Eltern. Das war eine eher problematische Zeit. Ich habe mit 15 auch viele Sachen als selbstverständlich hingenommen, die ich jetzt vielleicht eher zu schätzen weiß, worin sie mich unterstützen und solche Sachen. Aber ich glaube, meine Eltern haben sich gar nicht so verändert. Und nach kurzer Zeit war alles wieder vertraut.*

LENA: *So ein Auslandsaufenthalt bedeutet Erfahrungen sammeln im Schnellverfahren. Man ist am Anfang ja völlig auf sich allein gestellt.*

Was war anders im Verhältnis zu den Gasteltern?

KATHARINA: *Mir ist aufgefallen, dass man merkt: Bei einer Gastfamilie muss man viel mehr aufpassen mit allem, was man tut. Die Leute sind ja nicht verpflichtet, einen zu mögen. Es gibt keine natürliche, verwandtschaftliche Bindung. Man kann sich nicht darauf verlassen wie bei den eigenen Eltern. Man ist automatisch vorsichtiger mit allem, was man tut.*

LENA: *Ich hatte dort ziemliche Einschränkungen. Zu Hause in Deutschland durfte ich viel mehr machen, auch abends länger wegbleiben. Bei meinen Gasteltern musste ich immer pünktlich sein, es war ein Problem, wenn ich mal später kam. Ich habe mich darüber aber nicht mit ihnen gestritten, wie ich es mit meinen Eltern wahrscheinlich getan hätte. Man bleibt ja doch eine Art Gast und ist auch dankbar dafür, dass man aufgenommen wurde. Da leistet man sich nicht so viel. Ich habe mich aber schon sehr eng mit ihnen verbunden gefühlt, für die kurze Zeit eigentlich erstaunlich.*

Hattet ihr Heimweh?

LENA: *Kann ich eigentlich nicht sagen. Ich wusste, dass es nur eine kurze Zeit ist, und ich wollte sie genießen. Ich habe auch wenig nach Hause geschrieben, eigentlich nur ein paar e-*

mails. Und die waren eigentlich eher zweckmäßig, wenn ich was brauchte oder so. Aber ich kenne auch Leute, die mit der neuen Umgebung nicht so gut zurechtkamen und schon Heimweh hatten.

KATHARINA: *Dafür ist gar kein Raum da. Ich hatte genug damit zu tun, mich in Kalifornien einzugewöhnen, die Sprache richtig zu verstehen und die Leute kennen zu lernen. Ich wollte gar nicht so viel von Zuhause hören, sondern lieber die neue Welt auf mich wirken lassen. Die eine Freundin, die Heimweh hatte, hatte Probleme damit, dass die Gastmutter sie wie ihre eigenen Töchter behandelte: Sie sollte sie Mom nennen und sollte ihr alles anvertrauen. Und sie durfte ihren Freund nur einmal in der Woche treffen. Das Leben bestand aus ziemlich vielen Vorschriften, aber es wurde auch viel Gemeinsamkeit und Nähe erwartet.*

Aber jetzt fällt mir ein: Weihnachten fand ich schon ziemlich schlimm, da so am Telefon die ganze Familie zu hören und weit weg in Utah zu sein, das ist mir schwer gefallen.

ZOÉ: *Ich hatte auch kein Heimweh, aber die Vertrautheit hat mir gefehlt. Außerdem hat mir die ganze Lebenseinstellung meiner Gastmutter nicht so gefallen, und die Art, wie sie ihre Kinder erzogen hat. Ich musste um viele Dinge einen neuen Kampf beginnen, die zu Hause schon längst kein Thema mehr waren. Wenn ich beide verglichen habe, hat meine Mutter jedenfalls um Längen besser abgeschnitten.*

Wird das Verhältnis zur eigenen Mutter wieder wie vorher, wenn man zurückkommt?

LENA: *Das Verhältnis ändert sich schon. Das ist ja auch wichtig, dass man nicht genau so weitermacht wie vorher. Man ist nicht mehr so sehr das Kind. Die Beziehung wird irgendwie gleichberechtigter. Ich versuche auch, mehr mitzuhelfen. Und ich wollte unbedingt mein eigenes Zimmer, obwohl ich ja ehr-*

lich gesagt gar nicht so viel zu Hause bin. Ich glaube, meine Mutter war darüber am Anfang schon ein bisschen enttäuscht, dass sie nicht so viel von mir hatte, als ich zurückkam, dass ich auch meine alten Freunde wiedertreffen wollte.

Die Freundinnen, bei denen ich es ein bisschen beurteilen kann, haben nach ihrer Rückkehr auch alle ein gutes Verhältnis zu ihren Müttern. Aber mein Bruder, der vor mir in den USA war, ist danach ausgezogen. Es wurde ihm zu eng: die Wohnverhältnisse, die Beziehung, alles. Und ich kenne auch ein Mädchen, das gleich ausgezogen ist, als es zurückkam. Sie hatte drüben zwei riesige Zimmer, ein eigenes Bad und jede Menge Freiheit und wollte nicht in die Enge zurück.

KATHARINA: *Man kann natürlich nicht beweisen, dass diese Veränderung durch das Austauschjahr kommt. Ich bin in dieser Zeit ja älter und »reifer« geworden, und das wäre auch hier passiert. Auch die Leute, die hier bleiben, machen ja eine Entwicklung durch. Aber wahrscheinlich geht es durch so einen Auslandsaufenthalt alles schneller.*

LENA: Was hast du denn durch die Zeit in den USA vor allem für dich persönlich gelernt?

KATHARINA: *Auf jeden Fall Selbstbewusstsein. Ich bin offener geworden, weil ich auf andere zugehen musste. Ich habe mich auch nicht mehr so sehr auf andere verlassen können, wie zu Hause manchmal auf meine Mutter.*

LENA: *So geht's mir auch.*

Lösen sich amerikanische Mädchen nach eurer Erfahrung anders von ihren Müttern?

KATHARINA: *Ich habe mich länger mit einem Mädchen darüber unterhalten. Sie verstand nicht, wie ich das überhaupt aushal-*

ten könnte, von meiner Mutter so lange getrennt zu sein. Sie war zwar auch im Internat, aber am Wochenende konnte sie nach Hause fahren. Und wahrscheinlich versteht man sich auch viel besser mit seinen Eltern, wenn man sich nicht so oft sieht. Es gibt nicht so viele alltägliche Konfliktpunkte. In meiner Schule waren auch viele Töchter von sehr erfolgreichen Müttern aus San Francisco und Los Angeles, die beruflich sehr eingespannt waren und gar nicht so viel Zeit für ihre Kinder hatten. Da fehlt den Mädchen vielleicht etwas, und sie sehnen sich ständig danach.

Haben sich eure Mütter verändert, während ihr weg wart?

LENA: *Ne, eigentlich nicht. Meine Mutter hatte abgenommen, das habe ich gleich gesehen. Im Gegensatz zu mir!*

KATHARINA: *Meine Eltern und meine Schwester haben mich nach einem drei viertel Jahr besucht. Dass sie auf den Campus kamen und das alles noch nicht kannten, war dort nichts Ungewöhnliches. Aber für mich war es schon erst alles ein bisschen komisch, so ungewohnt. Und ich weiß auch gar nicht mehr genau, wie alles vorher war. Auf jeden Fall wird das ganz schnell wieder normal.*

LENA: *Ja, nach einer Woche war es für mich schon wieder normal. Aber auf einer neuen Ebene, denn das Verhältnis ist anders geworden. Gleichberechtigter, und das ist gut so.*

Anne Frank:
»Ein Bündelchen Widerspruch«
Ablösung unter schwierigen Bedingungen

»Mama tut immer, als ob ich ein Baby wäre.« »Mama hat mir heute morgen wieder eine elende Predigt gehalten.« Es sind die Probleme einer ganz normalen 13-Jährigen, die in diesem Tagebuch wie in Millionen anderer Tagebücher von jungen Mädchen zur Sprache kommen. Die Mutter merkt nicht, dass die Tochter kein Kind mehr ist, die Schwester wird ihr vorgezogen, der Vater könnte eine Rettung sein (»Papi ist immer so lieb«), doch er ist konfliktscheu und hält sich während der Streitigkeiten zwischen Mutter und Tochter vornehm zurück. Mit anderen Worten: »Ich passe nicht zu ihnen, das merke ich vor allem in der letzten Zeit sehr deutlich.« Ist sie überhaupt die Tochter ihrer Eltern? Und warum sind die anderen dann so anders als sie? Ist sie dazu verurteilt, einsam und unverstanden durchs Leben zu gehen?

Gefühle einer 13-Jährigen, die auf das Heftigste in die inneren und äußeren Kämpfe um Befreiung von der elterlichen Übermacht verstrickt ist. Doch statt wütend Türen zu knallen, stundenlang mit den Freundinnen zu telefonieren und Aggressionen und Zärtlichkeitsbedürfnis beim Reiten abzureagieren, ist Anne Frank dazu verurteilt, Tag und Nacht nicht nur mit ihren Eltern und ihrer Schwester, sondern auf engstem Raum auch mit einer bisher nur flüchtig bekannten anderen Familie zusammenzuleben. Sieben, später acht Menschen leben in einem Hinterhaus der Amsterdamer Prinsengracht 263 zwei Jahre lang versteckt, um ihr Leben vor den Nazischergen zu retten. Für die drei Jugendlichen ist es genau jene Lebensphase, in der sie sich, je nach Temperament behutsam oder schroff, von den Eltern abnabeln wollen und müssen.

Das Tagebuch, dem Anne ihre geheimsten Gedanken anvertraute, ist von ihrem Vater Otto Frank, dem einzigen Überlebenden, nach dem Krieg veröffentlicht worden. Die Faszination, die es seither auf unzählige Leser und Leserinnen ausübte, erklärt sich unter anderem auch durch die erstaunliche Klarheit, mit der die Schreiberin die Beziehung zu den eigenen Eltern sieht und beschreibt. Nicht umsonst hat ihr Vater für die erste veröffentlichte Fassung einiges »geglättet«, was die Tochter heftiger aussprach. Anne hat vieles zugespitzt erlebt und hervorragend ausgedrückt, was auch heute noch Mädchen ihres Alters beschäftigt. Aber sie konnte sich nicht im Kino davon ablenken, sie konnte sich nicht beim Sport abreagieren, sie konnte sich nicht im Gespräch mit Freundinnen helfen lassen. Daher die Klarheit und Schonungslosigkeit.

(K)eine Mutter

Die 13-jährige Tagebuchschreiberin notiert wiederholt, sie könne ihre Mutter »nun mal nicht ausstehen«, sie liebe nur ihren Vater. Sie fragt sich immer wieder, woran das liegen könnte. »Es liegt alles daran, dass ich eine genaue Vorstellung in mir habe, wie eine Mutter und eine Frau sein soll, und nichts davon finde ich in ihr, der ich den Namen Mutter geben muss.« Wie ein Leitmotiv kehrt Annes Klage wieder, ihre Mutter sei keine »richtige Mutter«. Sie mache sarkastische Bemerkungen und sei wenig feinfühlig, habe andererseits aber selbst das Gefühl, ihre Rolle als Mutter besonders gut und »modern« wahrzunehmen: »Ich glaube, Mutter denkt, dass Margot und ich das beste Verhältnis zu unseren Eltern haben, das es nur gibt.« Mehr als ein Jahr später, als 14-Jährige, wird sie ihrem Tagebuch noch einmal diesen Wunsch nach einer »richtigen« Mutter anvertrauen: »Mutter hat uns selbst gesagt, dass sie uns mehr als Freundinnen denn als Töchter betrachtet. Das ist natürlich schön, aber trotzdem kann eine Freundin nicht die Mutter ersetzen.« Aber wie soll eine echte Mutter denn sein? Eine Frau, die vor allem viel Taktgefühl an den Tag legt, »besonders für Kinder in unserem Alter«, eine Frau, vor der man Respekt haben kann, zu der junge Mädchen aufschauen können, ein Vorbild, eine Figur, die man bewundert. Keine Freundin, sondern weit mehr: Eine überlegene, überlegte und überaus sensible Person.

Der Leser, der einfach und ohne weiteres alles für bare Münze nimmt, was die Jugendliche ihrer fiktiven Brieffreundin anvertraut, gewinnt von Edith Frank ein wenig schmeichelhaftes Bild. Aber Hand aufs Herz:

Welche 13-Jährige würde ihre Mutter schmeichelhaft beschreiben? 9-Jährige können bekanntlich zum Muttertag noch rührende Gedichte verfertigen. In den Augen kleinerer Kinder sind die Eltern allmächtig und über jeden Zweifel erhaben. Später sieht man deutlich ihre Schwächen und Unvollkommenheiten. Trotzdem wünscht eine Jugendliche nicht nur häufig die eigene Mutter zum Teufel, sondern bemitleidet sich selbst gleichzeitig dafür, dass diese Mutter nicht genau so ist, wie die Tochter sie in diesem speziellen Augenblick brauchen würde. Annes Beschimpfungen sind so gesehen Ausdruck eines normalen Entwicklungsschritts. Mit allem Drum und Dran. Dem Genervtsein von endlosen Streitereien: »Heute habe ich wieder eine so genannte ›Diskussion‹ mit Mutter gehabt.« Und der wenig später ganz unverhohlen gezeigten Freude über Versöhnung und Harmonie: »Mutter, Margot und ich sind wieder die besten Freundinnen, und das ist eigentlich viel angenehmer.«

Wir sind verschieden

Ein weiteres wichtiges Thema, das nicht nur Anne Frank durch die Adoleszenz begleitet, ist die Verschiedenheit von Mutter und Tochter. Auch hierin haben sich junge Leserinnen aus aller Welt seit Jahrzehnten wieder erkannt.

Für die 13-jährige Anne ist die Erkenntnis dieser charakterlichen Unterschiede – sie erstreckt sich gleichzeitig auf die große und »vernünftige« Schwester Margot – noch mit dem neuen und überraschenden Gefühl großer Reserviertheit verbunden, die die kindliche Liebe zur reinen Pflichtübung gerinnen lässt: »Ich liebe sie nur deshalb, weil sie nun einmal Mutter und Margot sind, als Menschen können sie mir gestohlen bleiben.« Nach einem Konflikt mit ihrer Mutter notiert sie über ein Jahr später, schon reichlich cool, aber trotzdem nicht rundum überzeugend: »Mutter ist traurig, weil sie mich noch lieb hat, ich bin überhaupt nicht traurig, weil sie für mich erledigt ist.« Tatsächlich scheint ein Reifungsprozess stattgefunden zu haben, denn Anne macht inzwischen viele Themen ganz mit sich alleine ab. Trotzdem wirkt für den Leser verfrüht, was sie mit noch nicht 15 Jahren ihrem Tagebuch anvertraut: »Ich verstand, dass ich auf Mutter verzichten kann, ganz und vollständig.«

Je mehr man sich lesend in das berühmte Tagebuch vertieft, umso mehr überträgt sich die Atmosphäre der Abgeschlossenheit. Eine kleine Gruppe von Menschen ist sich unter psychisch extrem belastenden Bedingungen auf Gedeih und Verderb gegenseitig ausgeliefert. Fast mehr als die Reibereien zwischen den beiden Familien fällt dabei, vor allem, wenn man das Tagebuch unter unserem Gesichtspunkt liest, die innerfamiliäre Dynamik ins Gewicht. Über ihr Verhältnis zur älteren Schwester Margot, die sich um das Vertrauen der Jüngeren bemüht, sagt Anne etwas, das man wahrscheinlich auch auf das Verhältnis zur Mutter übertragen könnte: »Wir sind eben dauernd zusammen, und ich könnte meine Vertraute nicht immer um mich haben.« Tragischerweise können die beiden Schwestern, deren Ähnlichkeit auf den Fotos verblüffend ist, sich weniger Nähe geben, weil sie zu eng aufeinander »hocken«. Es gibt kein Entrinnen, es gibt keine Freiwilligkeit, und so kann es auch kein uneingeschränktes Vertrauensverhältnis geben.

Nicht von gestern

Wahrscheinlich ist es ein besonderes Kennzeichen aller aufgeweckten, temperamentvollen, intelligenten und ehrgeizigen Adoleszentinnen, dass sie unter anderem auch über ihre Rolle als Frau nachdenken. Vor allem, wenn sie durch Vorbilder, die ihnen nicht gefallen, darauf gestoßen werden: »Ich kann mir nicht vorstellen, dass ich so leben muss wie Mutter, Frau van Daan und all die anderen Frauen, die ihre Arbeit machen und später vergessen sind.« Anne Frank will später Journalistin und Schriftstellerin werden. »Lasst mich ich selbst sein, dann bin ich zufrieden! Ich weiß, dass ich eine Frau bin, eine Frau mit innerer Stärke und viel Mut!« Und weiter: »Wenn Gott mich am Leben lässt, werde ich mehr erreichen, als Mutter je erreicht hat.« Anne will »nicht unbedeutend bleiben«, sie will öffentlich wirken. Sie fühlt sich »jung und stark« und als Mittelpunkt eines großen Abenteuers: Ihres eigenen Lebens. Gleichzeitig empfindet sie aber, wie untergeordnet die zwei erwachsenen Frauen und ihre bravere Schwester in der erzwungenen Wohngemeinschaft leben. Und: Sie liest einige Bücher aus der Bibliothek, die Frauenfragen aufwerfen. »Eine der vielen Fragen, die mich nicht in Ruhe lassen, ist, warum früher und auch jetzt noch oft die Frauen bei den Völkern einen so viel geringeren Platz einnehmen als der Mann.« Die Überlegung, dass das ungerecht sei, reicht Anne nicht: Sie möchte auch die »Ursache dieses großen Unrechts« erfahren.

Ihre Rebellion richtet sich nicht gegen die Mutterrolle. Gegen das Kinderkriegen sollten sich die Frauen nach Ansicht der 15-Jährigen nicht auflehnen: »So ist die Natur eingerichtet, und so wird es gut sein.« Doch sie verurteilt die Männer und die »Ordnung der Welt«, die den großen Anteil an gesellschaftlicher Arbeit, die Frauen leisten, nicht anerkennen. Nie will sie sich mit der herkömmlichen Arbeitsteilung der Geschlechter zufrieden geben. Es klingt wie ein lautstarker Ausruf, was Anne sich nach dem stundenlangen Enthülsen von Erbsen mangels eines größeren Publikums nur selbst schwören kann: »Mit jedem Faden, den ich ziehe, wird mir klarer, dass ich nie, nie nur Hausfrau sein will!«

Die Auseinandersetzung mit der Geschlechterrolle beschränkt sich dabei nicht auf den Konflikt mit Mutter und Schwester. Anne geht auch deutlich auf Distanz zu der anderen erwachsenen Mitbewohnerin, der Mittvierzigerin Petronia van Daan, in ihren Augen schon eine »ältere Dame«, die lächerlicherweise aber noch »Gymnastik macht, um ihren dicken Hintern wieder loszuwerden«. Dass eine Frau in diesem Alter noch mit den Männern flirtet, findet sie empörend.

Anne will anders sein, nicht oberflächlich, nicht untergeordnet. Sie ist überzeugt davon, ihr Ziel eines Tages zu erreichen. Auf dem Weg dahin braucht sie die notfalls auch brutale Abgrenzung von negativen Vorbildern. Kurz: »Ich werde ihnen schon zeigen, dass Anne Frank nicht von gestern ist!«

Diese Sehnsucht, geliebt zu werden

Immer wieder spricht Anne davon, dass sie mit ihrer freimütigen und auch frechen Art in der Hausgemeinschaft Anstoß erregt. »Wirklich, glaube ja nicht, dass es einfach ist, der unerzogene Mittelpunkt einer Versteckerfamilie zu sein«, teilt sie der Tagebuchfreundin Kitty mit. Aber sie wäre keine Jugendliche, sondern ein ganz und gar unglaublicher Übermensch, wenn sie nicht auch in ihrer Unausstehlichkeit geliebt werden wollte. Und zwar nicht einfach geliebt, weil sie das Kind der Familie Frank ist, sondern geliebt als »Anna-sie-selbst«. Sie hat ein ungeheuer mächtiges – und für Jugendliche ihres Alters auch ungemein typisches – Verlangen danach, in ihrer Eigenart als wertvoll erkannt zu werden. Sie will mit all ihren Ecken und Kanten, und gerade für diese unbequemen Ecken und Kanten, die liebevollen Gefühle ihrer Familie erwecken. Und dabei geht es ihr vor allem um die liebevollen Gefühle des Vaters. Doch sie erkennt: »Ich verlange etwas von Vater, was er mir nicht geben kann.«

Fast zwei Jahre später kommt die nun 15-Jährige auf das Thema Individualität zurück. Es hat sich – trotz der Abgeschlossenheit der Schicksalsgemeinschaft – im Hinterhaus inzwischen viel ereignet. Unter anderem hat Anne in bewundernswerter Hartnäckigkeit eine Beziehung zu dem zwei Jahre älteren, äußerst stillen und gehemmten Peter aufgebaut, die auch gegen den Willen des Vaters zu ersten zarten erotischen Erfahrungen führte. Dabei war sie sich immer bewusst, dass nicht Verliebtheit, sondern ein großes Bedürfnis nach Nähe, Zärtlichkeit, Freundschaft und Austausch sie leitete. Sie meinte nicht Peter. Doch welche »Auswahl« hätte sie zum Sammeln von Erfahrungen sonst gehabt? Anne sieht deutlich den Unterschied in der »männlichen« Art, die Peter für seine pubertären Probleme und seine Ablösung von den Eltern wählt: »Er klammert sich an seine Männlichkeit, seine Einsamkeit und seine gespielte Gleichgültigkeit, nur um nicht aus der Rolle zu fallen, um nie, nie zu zeigen, wie er sich fühlt.«

Die Beziehung zum Vater hat sich durch die neue Erfahrung der Verbundenheit mit Peter verändert. Rückblickend wirft die 15-Jährige jetzt ihrem Vater vor, ihr bei der Entwicklung ihrer Persönlichkeit deshalb keine Hilfe gewesen zu sein, weil er ihre Probleme als »Entwicklungsphasen« erklärte: »Ich wollte nichts von ›Alterserscheinungen‹, ›anderen Mädchen‹, ›geht von selbst vorbei‹ hören, ich wollte nicht wie ein Mädchen-wie alle-anderen behandelt werden, sondern als Anne-für-sich-allein«. Doch das habe ihr Vater nicht verstanden. Eine Analyse, die eigentlich alle Eltern von Halbwüchsigen aufhorchen lassen sollte: Kein Jugendlicher kann es gut vertragen, als Lehrbeispiel aus dem Psychologiebuch herhalten zu müssen. Gerade für die eigenen Eltern möchte jeder einmalig sein. Und was er oder sie gerade denkt oder fühlt, ist eigenes Erleben, nicht »typische« pubertäre Entwicklung. Natürlich: Auch Annes Kritik an ihrem Vater kann unter einem bestimmten Blickwinkel ihrerseits als »typisch pubertär« betrachtet werden, und das haben wir hier ja auch getan. Doch erstens kann uns Eltern Annes Reaktion lehren, dass es nicht ratsam ist, den Jugendlichen selbst das eigene Verhalten als »entwicklungsbedingt« darzustellen. Und zweitens zeigt sich gerade in dieser scharfsinnigen Analyse das Besondere an Anne Frank: Ihre Kraft des Durchschauens und des Formulierens, die Teil ihrer Individualität ist. Das Einzigartige, das in jedem Jugendlichen steckt, wird völlig zu Unrecht eingeebnet, wenn es für die Erwachsenen nur Ausdruck einer vorübergehenden Phase ist. Von

Anne Frank, die über diese Phase nie hinausgehen durfte, obwohl sie zum Schluss grausam aus ihrem Nest vertrieben wurde, ist aber mehr als ein Zeugnis entwicklungsbedingter Unausgeglichenheit geblieben. Sie hatte für ihr Leben große Dinge vor: »Ich möchte alles neu erforschen und dabei nicht nach dem Sprichwort vorgehen: ›Wie die Alten sungen, so zwitschern auch die Jungen‹.«

Das allein ist für Jugendliche nicht ungewöhnlich und eine wichtige Triebkraft der Abnabelung. Doch Anne, Margot und Peter wissen gleichzeitig, dass sie »vernünftig« sein müssen, um das eigene Überleben und das der Gruppe zu sichern. Und hierin sind sie, wenn es darauf ankommt, oft auch besser, unerschrockener und geschickter als die Erwachsenen. Zugleich müssten sie eigentlich aber auch über die Stränge schlagen, müssten unvernünftig und übermütig sein dürfen, um ihrer Jugend Tribut zu zollen. Doch genau das wird ihnen auf unabsehbare Zeit verwehrt.

Durch die Notwendigkeit, sich zu verstecken, habe sie andererseits »früher gewusst, dass ich ein eigenständiger Mensch bin«, meint Anne. Deshalb mahnt sie ihren Vater: »Du darfst mich nicht wie eine 14-Jährige behandeln«. Sie fühlt sich weit reifer, als es ihren Jahren entspricht: »Ich habe es auf mich genommen, selbst auf mich aufzupassen«. »Ich habe es nicht von einem auf den anderen Tag geschafft, so weit zu kommen, dass ich ohne Mutter und ohne die Unterstützung von jemand anderem leben kann« schreibt Anne in einem Brief an ihren Vater, der diesen sehr verletzt.

Doch diese Ablösung vom elterlichen Vorbild musste sie ohne räumliche Entfernung bewerkstelligen. »Ich liebe Vater, Margot liebt Vater und Mutter, aber wenn man so alt ist wie wir, will man auch ein bisschen für sich selbst entscheiden, will man mal von der Elternhand los.« Ständig fühlt sie sich kontrolliert, wird gefragt, wohin sie geht und was sie machen will. Das ist in der relativen Ereignislosigkeit des eingeschlossenen Lebens nicht verwunderlich, für eine Jugendliche dieses Alters jedoch eine einschneidende Beschränkung ihrer persönlichen Freiheit. Alle wollen in dieser Situation nichts lieber als »raus«, hinaus in die Freiheit. Aber für Anne, Margot und Peter ist das ein doppelter Wunsch: Sie sehnen sich nach allgemeiner Bewegungsfreiheit. Und sie brauchen dringend die Möglichkeit, sich räumlich von den Eltern zu trennen. »Ich habe ein schreckliches Bedürfnis, allein zu sein.« So ist es kein Wunder, wenn Anne sich in der Gefangenschaft des Hinterhauses »wie ein Singvogel« fühlte, »dem die Flügel mit harter Hand ausgerissen worden sind und der in vollkommener Dunkelheit gegen die Stäbe seines engen Käfigs fliegt.« Doch Stoßseufzer wie der nachfolgende sind selten: »O Kit, es ist so schönes Wetter. Könnte ich doch hinaus!«

Eine Mutter, die wirklich Mutter ist,
ist nie frei.
HONORÉ DE BALZAC

Früher konzentrierte sich das
Interesse der Frau auf ihre Kinder,
heute auf sie selbst:
auf ihr eigenes Gefühls-
und Berufsleben.
ELISABETH BADINTER

Einmal Tochter – immer Tochter?

Als ich mit achtzehn Jahren meinen riesigen Koffer am Bahnhof der kleinen Universitätsstadt aus dem Zug wuchtete, begann endgültig der Ernst des Lebens: Ich hatte mich für ein Studium weit weg von zu Hause entschieden. Ich fand noch am gleichen Tag ein billiges möbliertes Zimmer und bezog mein Bett mit der Bettwäsche, die ich mitgebracht hatte. Dann kaufte ich einen Tauchsieder und stürzte ich mich auf das Vorlesungsverzeichnis. Ich war mutterseelenallein. Erst viel später hat meine Mutter mir erzählt, dass der Einschnitt auch für sie spürbar war. Sie wollte mich nicht mit diesen Gefühlen belasten.

Wenn die Tochter zu Hause auszieht, kämpfen beide Frauen statt gegeneinander oft mit sich selbst. Und diese Kämpfe sind still. Deshalb sind sie aber nicht weniger bedeutsam als frühere, lautere Gefechte. »Es ist ein Märchen, dass die Ablösung von der Mutter in der Pubertät stattfindet«, schreibt Petra Oelker. Sie hat Recht: Die Ablösung geschieht einerseits viel früher – und sie setzt sich später in bedeutsamen Schritten fort.

Ein Versuch, Hänschen klein zu halten

Da ist es zunächst die Art, in der die Eltern, falls es beide betrifft, oder die Mutter als bisher allein Erziehende mit dem Wegzug der Tochter umgehen. Der Psychoanalytiker Helm Stierlin unterscheidet drei problematische »Beziehungsmodi«, die von den Eltern ausgehen.

»Bindungsmodus« nennt er den Versuch der Eltern, sich an das Kind zu klammern. Sie brauchen es als Bezugsperson und wollen es nicht »hergeben«. Sie sind aber vielleicht auch der Ansicht, es sei noch zu jung oder zu unerfahren, um sich alleine im Leben durchzuschlagen. Beide Motive können sich auch bis zur Undurchsichtigkeit miteinander verquicken. Dann machen die Eltern das Kind »klein«, weil sie ein kleines Kind brauchen. »Hänschen klein«, dessen Mutter sehr »weinet«, weil sie nun »kein Hänschen mehr« hat, ist ein gutes Beispiel für diese Art der Beziehung. Für die Mutter ist es schwer, den endgültigen Auszug Hänschens zu verkraften, weil er ihr eine wichtige Aufgabe nimmt: Zwanzig Jahre lang hat sie ihren Tageslauf auf den Sohn eingestellt, berufliche Termine und private Freuden mussten zurückstehen. Natürlich: Jetzt könnte sie endlich einen Job annehmen, der mit attraktiven Dienstreisen verbunden ist. Doch man bietet ihr, so wie es auf dem Arbeitsmarkt heute steht, vielleicht keinen mehr an. Jetzt könnte sie ins Kino gehen, wenn sie Lust hat, sich mit einem Sandwich begnügen, statt dem Filius mittags eine warme Mahlzeit zu bieten, Urlaub machen, wenn keine Schulferien sind. Jetzt könnte sie, endlich der Bürde der Alleinerziehenden ledig, mit Männern ausgehen, die ihr gefallen. Kein Sohn kann sie ihr madig machen. Doch der Auszug ihres erwachsenen »Kindes« macht ihr genau zu diesem Zeitpunkt endgültig klar, dass sie nun keine junge Frau mehr ist. »Es ist, als hätte man ein Staffelholz weitergegeben«, sagte eine jugendlich-attraktive Mitvierzigerin, als ihre Tochter in eine Wohngemeinschaft zog. Diese Schwierigkeiten, ein erwachsenes Kind gewissermaßen in das eigene Leben zu »entlassen«, haben mehrfache Mütter häufig mit ihrem jüngsten Kind, dem berühmten Nesthäkchen. Mit seinem Auszug findet eine bedeutende Lebensrolle ihr Ende. Andererseits geht mit dem Auszug jedes einzelnen Kindes für die Eltern etwas Kostbares, Einzigartiges verloren. Der Verlust betrifft weit mehr als eine Rolle: »Jedes Kind weckt in uns ganz spezielle Seiten, gute Seiten, schlechte Seiten: Diese Seiten können nur in der Beziehung und durch die Beziehung zu diesem ganz speziellen Kind belebt werden«, so betont die Psychoanalytikerin Verena Kast. »Ihr habt ja noch die anderen«, ist deshalb für Eltern niemals ein Trost, wenn eines der Kinder sie verlässt. Dass sie traurig sind, ist allerdings auch niemals ein Grund, die Loslösung zu verhindern. Eltern, die die Bindung überbetonen, schaffen im Extremfall, wie Stierlin betont, ein familiäres »Ghetto«.

Der verlorene Sohn und sein liebender Vater

Beim »Delegationsmodus« liegen die Dinge etwas anders: Die Eltern lassen das Kind schon in jungen Jahren immer wieder gern in die Welt hinausziehen. Es soll und darf etwas erleben, es wird ermutigt, seine Kräfte in der rauen Wirklichkeit zu erproben. Es wird in seinem Aktionsradius kaum eingeengt. Der Haken an der Sache: Das Kind soll stellvertretend für die Eltern, als ihr Delegierter, »in die Welt hinein« gehen. Was die Eltern nicht erleben konnten oder durften, soll ihr Nachfahre erleben. Um es den Eltern nachher haarklein zu berichten. Aber auch, um an ihrer Stelle Genuss zu haben und Lorbeeren einzusammeln. Kinder delegierender Eltern dürfen »aufregend und gefährlich« leben. Dafür haben sich die Eltern das schon längst selbst verboten. Sie wollen sich zum Ausgleich an den Erfolgen ihrer begabten und mutigen Kinder laben, und das kann diese ausgesprochen unter Druck setzen. Viele Erwartungen dieser Art verraten sich mit den Worten »Zu unserer Zeit gab es diese Möglichkeit noch nicht!« oder: »Du sollst es einmal besser haben als wir!« Das Leben als Delegierter ist ein Leben an der langen Leine.

Oft sind es uneingestandene eigene Wünsche, die die Eltern durch ihre Kinder verwirklichen »lassen«, statt sie selbst zu leben. Stierlin deutet das biblische Gleichnis vom verlorenen Sohn in diesem Sinn: Schon oft wurde ja gefragt, warum der Vater in dieser Geschichte seinen heimgekehrten »Aussteiger«-Sohn offensichtlich gegenüber dem »braven« Sohn bevorzugte, der ihm die ganze Zeit über keine Sorgen gemacht hatte. Liebte er das Sorgenkind mehr, weil ihm der Totgeglaubte wiedergeschenkt wurde? Oder gibt es noch einen anderen Grund, steht der verlorene Sohn dem Vater näher, »weil er in seinem Ungehorsam in einem tieferen Sinne gehorsamer war als sein wohl geratener Bruder?« Hat er gespürt, dass das Leben seines Vaters »schal und ohne Höhepunkte verlief und dass er ihm mit seinem verschwenderischen Lebenswandel stellvertretend die entbehrten Höhepunkte verschaffen konnte?«

Schwer zu durchschauen sind solche Delegationsversuche, wenn Eltern Widersprüchliches äußern. Die Psychoanalytikerin Verena Kast weist darauf hin, dass vor allem Töchter dieses Problem oft mit den Botschaften ihrer Mütter haben. Viele Mütter vermitteln ihren Töchtern heute zum Beispiel, sie müssten unbedingt einen Beruf erlernen und ihr eigenes Geld verdienen, um später wirklich selbstständig leben zu können. Andererseits sei man aber ohne Kinder doch »keine richtige Frau«, und Mütter gehörten nun mal zu ihren Kindern... »Noch problematischer wird es, wird die Botschaft vermittelt: ›Lebe nur nicht noch einmal so ein Leben, wie ich es gelebt habe, aber mache bloß nicht mehr aus dem Leben, als ich gemacht habe.‹« Ambivalente Botschaften, die für Töchter durchaus zur Zerreißprobe werden könnten. Und es gibt durchaus Frauen, die ein schlechtes Gewissen haben, ein so reiches Leben zu leben, wo ihre Mütter sich doch so viel versagt haben!

Stierlin macht aber auch darauf aufmerksam, dass es heute Müttern und Vätern leichter gemacht wird als in früheren Jahrhunderten, selbst aus eingefahrenen Bahnen auszubrechen und sich auch im reifen Alter noch Lebensträume zu erfüllen. Er spricht in diesem Zusammenhang sogar von einer »Ausreißerkultur für Erwachsene«, die sich seit der 68er Zeit und der Hippiebewegung in den Industrienationen herausgebildet habe. Wird der verlorene Sohn also durch den »verlorenen Vater« überflüssig?

Wiederholungszwänge

Als Psychotherapeut sieht Stierlin natürlich vor allem die Fälle, in denen familiäre Bindungen krankhaft gestört sind und Eingreifen von außen erforderlich wird. Das trifft besonders für den dritten Typ zu, den er als »Ausstoßungsmodus« bezeichnet. Statt der zentripetalen überwiegen hier die zentrifugalen, auseinandertreibenden Kräfte. Das Kind wird frühzeitig aus dem Nest geworfen. Der Heranwachsende wird zur Selbstständigkeit gezwungen, weil seine Erziehungsberechtigten nicht mehr bereit sind, sich wirklich um ihn oder sie zu kümmern. Sie empfinden ihr Kind als Hindernis beim Verfolgen eigener Ziele. Die Zeit, die ein junger Mensch braucht, um flügge zu werden, erscheint ihnen als zu lang. Nach außen hin mag das Ergebnis als erstrebenswerte Freiheit erscheinen, und das Verhalten der Eltern könnte mit einer liberalen und offenen Art der Erziehung verwechselt werden. Doch der Ausstoßungsmodus setzt Jugendliche auch unter Druck, sich selbst zu bemuttern und zu bevatern. Denn sie sind in einer Lebensphase auf sich gestellt, in der sie die Nestwärme eines Elternhauses noch gut gebrauchen könnten. Oft suchen sie dann die Geborgenheit in einer Gruppe Gleichaltriger. Auf den ersten Blick fällt deshalb oft gar nicht auf, was sie entbehren. Bedenklicher ist es, wenn eine Sekte die vermisste Nestwärme ersetzen soll.

Helm Stierlin hat die Erfahrung gemacht, dass Eltern oft die Art, in der sie selbst von ihren Eltern behandelt wurden, an ihre Kinder in einer Art unausgesprochenem Generationenvertrag weitergeben. Eine Mutter, die von ihrer Mutter früh aus dem Nest gestoßen wurde, hat sich vielleicht bewusst vorgenommen, es mit ihrer Tochter anders zu machen. Doch sie schafft es nicht, dem Mädchen die Geborgenheit zu schenken, die sie selbst vermisste, weil sie die enttäuschende Beziehung zu ihrer eigenen Mutter noch nicht wirklich verarbeitet hat.

Häufiger ist aber sicher die Verstrickung im Bindungs- oder im Delegationsmodus. Beide lassen sich trefflich miteinander kombinieren: Die 48-jährige Hannah war richtiggehend schockiert, als sie sich selbst auf die Schliche kam. Sie hatte ihre Tochter nach dem Abitur ganz bewusst »freigeben« wollen. Jenny zog mit ihrem Freund in eine Wohngemeinschaft in einer benachbarten Universitätsstadt. Sie ab und zu anzurufen, war die normalste Sache von der Welt. Doch eines Samstags hörte Hannah sich bei einem solchen Telefongespräch selbst fragen: »Und was sind das für Leute, bei denen ihr eingeladen seid?« Eine unauffällige Frage. Nur der Tonfall: genau wie Hannahs Mutter! Die achtzigjährige Dame wollte mit genau diesem Tonfall an jedem Wochenende genau herausfinden, was ihre Tochter und ihr Schwiegersohn unternehmen würden – und mit wem genau. »Die kennst du nicht« – diese Antwort, die Jenny ihr gerade gab, kannte Hannah doch – von sich selbst. Und den damit verbundenen Unwillen, alles von sich preiszugeben.

Um der Wiederholungsfalle zu entgehen, muss Hannah nach Stierlins Ansicht »Trauerarbeit« leisten: Sie muss die Beziehung zu ihrer eigenen Mutter analysieren und sich selbst eingestehen, was sie schon immer störte. Der »Tonfall« ist ein deutlicher Hinweis! Sie muss sich dagegen wehren, weiter die Delegierte ihrer alten Mutter zu spielen. Sie muss Grenzen ziehen, wo die Bindung ihr zu eng wird. Sie muss ihre Interpretation der Beziehung durchsetzen.

Um folgenreiche Missverständnisse zu vermeiden: »Grenzen setzen«, »Interpretation durchsetzen«, das klingt ausgesprochen kämpferisch. Und es ist auch so gemeint. Doch nicht jeder Kampf gegen elterliche Autorität geht automatisch so lautstark und vehement vor sich wie die pubertären Auseinandersetzungen. Ich bin zwar überzeugt davon, dass jeder Mensch im Lauf seines Lebens mehrere »Pubertäten« oder »Häutungen« durchmacht, aber diese hier kann leiser über die Bühne gehen. Es geht darum, sich selbst über die Zusammenhänge Klarheit zu verschaffen, um nicht immer wieder in die selben Fallen zu tappen. Es geht aber nicht darum, einem alten Menschen durch eine verspätete Auseinandersetzung Kummer zu bereiten.

Trennungsschmerz und neue Rollen

»Viele Mütter sagten zwar, dass sie ihre Töchter vermissten oder vermissen würden, wenn sie weit entfernt lebten, doch weit mehr Töchter brachten ein emotionales Bedürfnis nach Nähe zu ihren Müttern zum Ausdruck als umgekehrt.« Wie das? Was die amerikanische Soziologin Lucy Rose Fischer in ihren Untersuchungen über die Mütter-Töchter-Beziehung herausfand, passt auf den ersten Blick überhaupt nicht zur Vorstellung einer liebenden Mutter, deren Kinder in die weite Welt hinaus ziehen und der es schier das Herz bricht, sie an das aufregende Leben draußen zu verlieren. Sind also in Wirklichkeit die Töchter abhängiger von den Müttern?

Die Lage ist komplizierter. Einmal ganz abgesehen davon, dass es schwierig sein dürfte, Grad und Intensität von »vermissen« streng wissenschaftlich zu messen und zu vergleichen! Wir müssen aber die Lebensumstände der Getrennten in Betracht ziehen, um ihre Gefühle in den Rahmen zu stellen, den ihr durch die räumliche Distanz veränderter Alltag bildet.

Die Tochter, die zu Hause auszieht, geht in eine neue Umgebung. Selbst wenn sie nur auf die andere Straßenseite zieht, lebt sie nun in einer anderen Wohnung. Aber vielleicht ist sie ja sogar von Wuppertal mit dem Freund nach Paris oder von Chemnitz als Au Pair-Mädchen nach New York gegangen. Was sie vermisst – wenn sie etwas vermisst – muss also nicht die Mutter sein: Vielleicht hat sie auch Sehnsucht nach der elterlichen Wohnung, nach ihren Geschwistern, nach der Katze, nach Schwarzbrot oder ihrem dicken Frottee-Bademantel? »Heimweh« und »Mama« lassen sich nicht immer so leicht trennen...

Für die Mutter dagegen geht der Alltag weiter, mit allem Drum und Dran. Da ist ein Loch, mehr oder weniger deutlich, mehr oder weniger oft zu spüren. Doch es gibt so viel zu tun, man kommt kaum zum Nachdenken, wann soll da noch Zeit sein für den versprochenen Brief?

Vielleicht ist da aber sogar auch ein wenig Entlastung, vor allem, wenn das jüngste Kind ausgezogen ist: Weniger Terminabsprachen, weniger Gebundenheit, weniger Hausarbeit. Mehr ungestörtes Zusammensein mit dem Partner. Eine kleine Prise schlechten Gewissens darüber, dass man diese neuen Freiheiten dermaßen genießen kann? Das tut dem Genuss allerdings keinen Abbruch.

Entlastung kann auch in dem Gedanken liegen, dass die Tochter nun weitgehend für sich selbst verantwortlich ist. Dass die Arbeit der Mutter weitgehend getan ist. Dass der vorläufige Erfolg gar nicht mal so schlecht zu sein scheint. Dass es sich – mit anderen, unvorsichtigeren Worten – »gelohnt« haben könnte, so viel für sie zu tun.

Hinzu kommt, dass eine moderne Mutter, die ihre Tochter rechtzeitig »loslässt«, das gute Gefühl haben kann, im Einklang mit modernen Erziehungsprinzipien, emanzipatorischen Grundsätzen und den Forderungen ihrer eigenen Jugendzeit zu handeln. Die 48-jährige Lehrerin Jutta zum Beispiel hat immer Wert darauf gelegt, dass ihre beiden Töchter freier aufwachsen als sie selbst: »Ich war überbehütet, meine Mutter hat furchtbar geklammert. Das wollte ich bei meinen Töchtern um jeden Preis vermeiden.« Sie hat sich deshalb ganz bewusst innerlich von den Töchtern gelöst, wollte sie im Zweifelsfall immer lieber in Ruhe lassen, als sie zu stören. Die ältere Tochter allerdings hat sich durch dieses Verhalten manchmal fast vernachlässigt gefühlt. Nach ihrem Auszug rief sie manchmal an, nur um zu sagen: »Hallo, mich gibt's auch noch!«

Sind die Mütter heute, aus lauter Angst vor »Overprotection«, also schon cooler als die Töchter? Lucy Rose Fischer betont allerdings auch, dass viele Mütter dazu neigen, ihre »Heimweh«-Gefühle der Tochter gegenüber zu verstecken und sie auch sich selbst nicht einzugestehen. Schließlich ist man ja dafür, dass die Tochter selbstständig wird. Vielleicht war es sogar höchste Zeit, dass sie auszog. Warum sollte man ihr (und sich) also das Herz schwer machen? Da sei der Verstand vor: Die Trennung ist normal, »das ist der Lauf der Welt«. Man kommt sich albern vor, sich ausgerechnet diese mächtige Kraft als Gegner vorzustellen. Man weiß, was man der Freundin in einer solchen Situation sagen würde. Und man lässt es sich selbst gesagt sein. Zumal auch der Vater der Tochter wahrscheinlich keine Spuren von Trennungsschmerz erkennen lässt. Es bleibt eine leichte Melancholie, eine ebenso unbestimmte wie unerfüllbare Sehnsucht. Doch das sind Begleiter, mit denen zu leben sich lernen lässt.

»Das Herz hat seine Gründe, die die Vernunft nicht kennt« sagte dagegen der französische Mathematiker und Philosoph Blaise Pascal. Auch diese Gründe gilt es also anzuerkennen. Und wichtig zu nehmen. »Es ist normal, dass Kinder Eltern verlassen, aber auch wenn es normal ist, heißt das nicht, dass es nicht weh tun darf und dass dieser Schmerz nicht ausgedrückt werden darf und soll«, gibt die Psychoanalytikerin Verena Kast zu bedenken, deren Lebensthema als Buchautorin die menschliche Trauerarbeit darstellt. Auch wenn es normal – und nötig! – ist, dass Kinder »aus dem Haus« gehen, ist es nicht ver-, sondern sogar ausgesprochen geboten, das leichte Ziehen wahrzunehmen, das einen als Mutter befallen kann, wenn man an die Tochter »in der Ferne« denkt, und das man vielleicht schon von früheren, vorübergehenden Trennungen her kennt. Es ist nicht verboten, keine Beleidigung für Anwesende und womöglich sogar befreiend und gesund, die eine oder andere Träne zu weinen. Auf dein Wohl, ausgezogene Tochter.

Wer ist wer in der Beziehung?

Die Tochter ist nun erwachsen und lebt nicht mehr im Haushalt der Mutter. Wiederum der Soziologin Lucy Rose Fischer verdanken wir eine Typologie der Beziehungen zwischen Müttern und ihren erwachsenen Töchtern. Sie hat 43 Mutter-Tochter-Paare ausführlich interviewt und dabei vier Typen von Beziehungen ausfindig gemacht:

- Verantwortliche Mütter, abhängige Töchter
- Verantwortliche Töchter, abhängige Mütter
- Mütter und Töchter in peer-ähnlichen, freundschaftlichen Beziehungen
- Verhältnisse gegenseitiger Bemutterung

Natürlich sind diese Kategorisierungen vereinfachend. Es ging der Soziologin allerdings darum, welcher Anteil in der jeweiligen Beziehung überwiegt. Wichtig ist auch, dass in dieser Hinsicht jederzeit Änderungen möglich sind.

Die erste Art der Relation findet sich keineswegs, wie man meinen könnte, nur zwischen Müttern und ihren gerade erst flügge gewordenen Kindern. Mütter können sich für ihre Töchter auch noch verantwortlich fühlen, wenn diese selbst längst Mutter sind, mitten im Leben stehen und viel Geld verdienen. Solche Beziehungen sind ausgesprochen tochterzentriert: Die Mutter versucht vielleicht, der Jüngeren jeden Wunsch von den Augen abzulesen, ihr unangenehme Pflichten abzunehmen, sie finanziell zu unterstützen. Sie hat umgekehrt aber niemals das Gefühl, ihrerseits Hilfe von der Tochter erwarten zu können. Sie ist und bleibt ja die Mutter. Oft wird so aus einem vorläufigen Zustand ein dauerhafter: Noch mit vierzig kann dann die Tochter jederzeit darauf hoffen, dass die Mutter ihre Wäsche bügelt. Die Ratschläge, die ihr das Eheleben erleichtern sollen, muss sie allerdings als Zugabe in Kauf nehmen.

Natürlich findet sich die zweite Art der Beziehung häufig zwischen alten, gebrechlichen Müttern und ihren tatkräftigeren Töchtern im mittleren Lebensalter. Dann ist es eine Rollenverteilung, die Jahre nach der eigentlichen Trennung entsteht. Ich werde auf die besonderen Probleme dieser Lebensphase noch zurückkommen.

Doch es gibt auch ganz andere Beispiele für verantwortliche Töchter. Die 35-jährige Ulrike erzählt: »Seit ich vierzehn bin, hat meine Mutter mich ins Vertrauen gezogen. Ich habe nicht nur ihre Klamotten mit ihr ausgesucht, sondern auch ihre Eheprobleme mit ihr durchgesprochen. Ich war hoffnungslos überfordert, aber ich wurde diese Rolle nicht mehr los: Die starke, vernünftige, tatkräftige Unterstützerin der schwachen, hilflosen, »kindlichen« Mutter. Das hatte ja auch was Schmeichelhaftes. Wer hätte in diesem Alter widerstehen können?« Ihre Mutter ist gesund und munter – aber selbst vor unwichtigen Entscheidungen fragt sie stets die Jüngere um Rat. Ulrike stöhnt und hilft. Doch seit es in der Beziehung zu dem ebenfalls auffallend anlehnungsbedürftigen Ehemann kriselt, arbeitet sie innerlich an einer langen Rede an die Mutter, an dieses Kind, das nicht erwachsen werden will. Ihr Problem: Kann man einem Menschen den Beistand versagen, den man vor langer, langer Zeit an Kindes statt angenommen hat? Das Besondere an dieser Form der Beziehung ist ja, dass sie eine Umkehrung des ursprünglichen Mutter-Tochter-Verhältnisses darstellt, die ohne die Mitwirkung der Tochter nicht möglich wäre. Die Tochter macht oft mit, weil die verantwortungsvolle Aufgabe, die ihr da angetragen wird, einigermaßen schmeichelhaft fürs eigene Ego ist. Die 19-jährige Zoé wehrt sich trotzdem gegen eine solche Umkehrung: »Ich fühle mich so ein bisschen als Mutter, als Freundin oder Vater meiner Mutter. Das lastet zu stark auf mir, und ich möchte es deshalb verändern. Ich finde, sie hat mir Rückhalt zu geben und nicht ich ihr.«

»Gleichwertige Freundschaften zwischen Müttern und Töchtern sind ungewöhnlich; nur sechs von 43 Mutter-Tochter-Beziehungen gehören zu diesem Typus.« Lucy Rose Fischer nennt zwei Bedingungen dafür, dass eine solche Beziehung, die Mütter sich nach eigenen Angaben oft wünschen, tatsächlich zustande kommt. Erstens: Jede der beiden Frauen nimmt starken Anteil am Leben der anderen. Zweitens: Beide haben ein ausgeprägtes Bedürfnis nach Selbstständigkeit. Bedingungen also, die uns für eine Freundschaft eigentlich als Selbstverständlichkeiten erscheinen müssten. Doch für Mütter und Töchter, die eine solche Beziehung erst aufbauen müssen, sind sie nur als Ergebnis harter Arbeit erreichbar. Wenn überhaupt. Denn jede Mutter-Tochter-Beziehung ist zu Beginn bekanntlich ungleich, und sie bleibt es über lange Jahre. Eine wirklich partnerschaftliche Beziehung ist zwar sicher wünschenswert, und sie ist zwischen erwachsenen Menschen auch einzig angemessen. Doch zwischen Mutter und Tochter ist sie ein Balanceakt, sie setzt echtes Interesse, aber auch die Fähigkeit zur Abgrenzung voraus. Fischer berichtet zum Beispiel über eine Tochter, die ihrer behinderten Mutter sehr viel hilft, von ihr allerdings ebenfalls Hilfe erfährt. Wenn die Mutter sie durch Ratschläge »nervt«, sagt diese Tochter nur kurz: »Mama, du bist wieder so weit.« Die Mutter versteht. Abstand ist möglich. »Ungewöhnlich an dieser Beziehung und an den seltenen peerähnlichen Mutter-Tochter-Freundschaften ist die Fähigkeit, sich ein Gefühl der Objektivität für die andere zu bewahren«, so hat die Soziologin beobachtet.

Symmetrisch und gleichgewichtig sind auch die Beziehungen zwischen Mütter und Töchtern, die sich gegenseitig bemuttern. Und das ist in Fischers Untersuchung immerhin bei fünfzehn von 43 Paaren der Fall. Sie unterscheiden sich von den freundschaftlichen Beziehungen jedoch durch die stärkere gegenseitige Kontrolle, durch die »Neigung, das Leben der anderen zu beaufsichtigen«. Beide Frauen haben ein Gefühl starker Verantwortung füreinander. Einige von ihnen fragen sich in auffallend vielen alltäglichen Dingen um Rat. Die Beziehungen sind allerdings nicht immer harmonisch. Oft fühlen sich beide Frauen zu stark kontrolliert, außerdem kommen die Rollen der »Bemutterten« und der »Bemutternden« sich häufig in die Quere: Eine Tochter beklagte sich etwa gegenüber der Interviewerin darüber, dass ihre Mutter sie nie besuche. Sie fühlte sich dadurch offensichtlich als Tochter vernachlässigt (»nicht genug bemuttert«), sagte allerdings gleichzeitig, ihre Mutter gönne sich nie Ruhe und Urlaub (wolle also nicht genügend von der Tochter bemuttert werden). In diesen wechselseitig bemutternden Beziehungen gibt es kaum Anlässe zum Kontakt, die nicht zugleich Anlässe für die Fürsorge der einen für die andere Frau – oder die gleichzeitige gegenseitige Fürsorge – wären. Ist so viel Fürsorge lebbar?

Auch ihr Gegenteil birgt seine Tücken: Lucy Rose Fischer machte auch einige Mutter-Tochter-Konstellationen aus, die sie unter »Typ X« zusammenfasste. Das sind Frauen, die außer der verwandtschaftlichen kaum eine weitere Beziehung verbindet. Sie sehen sich ausgesprochen selten und sprechen »unbeteiligt« voneinander. Der Mangel an Interesse geht dabei eher von der Tochter aus und beginnt nicht erst im Erwachsenenalter. Doch zugleich sehnen sich die Töchter nach Bemutterung und Fürsorge – nur soll sie nicht von der Frau ausgehen, die ihre leibliche Mutter ist.

Wenn Töchter Mütter werden

Die Frauen, die unsere Mütter sind, kennen wir vor allem in einer Rolle: als Mütter. Kein Wunder, wenn sich die Beziehung zu ihnen wandelt, sobald Töchter selbst zu Müttern werden. Eine neue Gemeinsamkeit entsteht. Die zarte Pflanze Verständnis bekommt die Chance zu einem Wachstumsschub: So ist es also,

Mutter zu sein. Das sind also die Probleme und Sorgen, mit denen es eine Frau zu tun hat, die sich der Aufgabe stellt, Kinder großzuziehen. Auch zur Schwiegermutter kann sich eine solche Beziehung ergeben. Schließlich sind beide ja Frauen, auf deren Erfahrungen man nun zurückgreifen könnte: Auch ihre Babys haben geschrien, auch sie hatten wunde Brustwarzen und Probleme mit der Eifersucht der Geschwister aufeinander. Sie sind Expertinnen auf einem Gebiet, das für die Jüngeren noch Neuland ist. Sie vergöttern ihre Enkel, sie sind deshalb liebend gern bereit, sie zeitweise zu betreuen, wenigstens wenn sie gesund und zeitlich flexibel sind und keiner Erwerbstätigkeit (mehr) nachgehen. (Dem Vernehmen nach nehmen es moderne Großmütter allerdings den (Schwieger-)Töchtern schon ein bisschen übel, wenn die versuchen, einfach über sie zu verfügen. In diesem Punkt hat sich viel geändert.)

Viele Mädchen verbinden die Frauenrolle von klein auf mit der Möglichkeit, vielleicht sogar mit der Selbstverständlichkeit, eines Tages Kinder zu bekommen. Auch ob und wie sie die Mutterfunktion mit anderen Aufgaben verbinden könnten, sehen sie zuerst an den Modellen aus ihrer unmittelbaren Umgebung. »Meine nächsten Vorbilder, meine Mutter und meine Großmutter, hatten beide Kinder gehabt, hatten ihren Verstand gebraucht und Karrieren im öffentlichen Leben gemacht. So hatte ich keine Zweifel daran, dass ich, für welche Karriere ich mich auch entschloss, ebenfalls Kinder haben würde.« Das schreibt die amerikanische Ethnologin Margaret Mead in ihrer Autobiographie »Brombeerblüten im Winter«, die den bezeichnenden Untertitel »Ein befreites Leben« trägt. Dieses befreite Leben hat die Wissenschaftlerin nicht zuletzt der Erforschung der Geschlechtsrollen in verschiedenen »primitiven« Kulturen gewidmet. Und so ging sie auch an ihr eigenes Leben gewissermaßen mit dem ethnologischen Blick heran. Auch wenn sie, die schließlich nur eine Tochter bekam, sechs Kinder gehabt hätte, wäre sie als Forscherin herumgereist, davon ist sie fest überzeugt. Allerdings... Es bleibt eine Frage: Warum sind Frauen in Wissenschaft, Politik und Wirtschaft insgesamt immer noch »weniger produktiv« als Männer? Margaret Mead, die als älteste Tochter von klein auf gut mit Babys umgehen kann, bringt eine interessante Nuance in die ewige Diskussion um Kinderbetreuung und berufliche Kreativität. Sie erzählt von der Schriftstellerin Harriet Beecher Stove, die durch »Onkel Toms Hütte« bekannt wurde. Immer wieder hatte sie sich in Briefen darüber beklagt, dass sie mit der Arbeit nicht vorkomme, denn »das Baby schreie zu viel«. Margaret Mead dagegen: »Es kam mir plötzlich vor, als wäre es sehr viel plausibler gewesen, wenn sie gesagt hätte: ›… aber das Baby lacht zu viel.‹« Nicht die Last, sondern die Lust mit den Babys hält Frauen von anderen produktiven Arbeiten ab, so Meads These! »Es ist nicht so, dass Frauen weniger Anreiz als Männer haben, kreativ und produktiv zu sein. Aber in allen Zeiten war es für Frauen, die Kinder haben wollten, dermaßen befriedigend, Kinder zu haben, dass es schon besonderer Umstände bedurfte – Ehelosigkeit, Kinderlosigkeit oder Witwenschaft –, damit es Frauen möglich wurde, sich ganz auf eine andere Arbeit zu konzentrieren.« Ich finde diesen Aspekt ausgesprochen wichtig und nicht wenig erfrischend. Er führt so weit weg vom Jammern über die Mutterrolle und zeigt stattdessen die Kinder endlich in der Rolle, die sie für Frauenbiografien wirklich »gefährlich« macht: Als geheime Verführer! Wenn Töchter Mütter werden, können ihre Mütter mit ihnen also beglückende Erfahrungen mit einer befriedigenden Aufgabe teilen.

Noch dazu, darauf legte Margaret Mead schon in den zwanziger Jahren Wert, mit einer Aufgabe, die man selbst wählen – also theoretisch ja auch ablehnen – kann. Gerade deshalb kann ich mir allerdings gut vorstellen, dass schon bald auch die Väter mit den Söhnen solche Erfahrungen verstärkt teilen werden. Denn die Frauen wissen umgekehrt längst, wie befriedigend das Berufsleben sein kann. Wenn beide beides wollen – und zwar sofort: Warum sollten sie sich die Freuden der Welt nicht teilen?

Noch ist es nicht so weit: Die Untersuchungen der Soziologin Lucy Rose Fischer ergaben, dass Töchter sich am ehesten über die Mutter- und Kindererziehungsrolle mit ihren Müttern identifizieren können: Zwei Drittel der befragten jungen Mütter gaben an, sie seien ihren Müttern in diesem Punkt »sehr ähnlich«. Bei einem anderen Thema, dem Umgang mit Männern, sahen sie dagegen riesige Unterschiede.

Auch wenn die Mütter danach gefragt wurden, wie sie die Mutter-Qualitäten ihrer Töchter einschätzten, ergab sich ein interessantes Bild: Hatten die Töchter schon Kinder und konnten ihre Fähigkeiten als Mutter unter Beweis stellen, so schätzten alle befragten Mütter diese Fähigkeiten besser ein als ihre eigenen! Angesichts zahlreicher Klagen von Töchtern über Kritik und Nörgelei ihrer Mütter am Erziehungsstil ist das ein bemerkenswertes Ergebnis. Sollten die Mütter jedoch die voraussichtlichen Mutterqualitäten ihrer noch kinderlosen Töchter schätzen, so machten sie wesentlich negativere Aussagen. Viele trauten den berufstätigen Singles eine solche Aufgabe schlicht nicht zu. Offensichtlich sind sie im »Ernstfall« jedoch schnell bereit, ihre skeptische Sicht zu revidieren.

Traute Eintracht also zwischen den zwei Mütter-Generationen? Endet die Revolte mit der ersten Niederkunft? Hört die Abgrenzung auf, wenn die jungen Kritikerinnen in den Hafen der Mutterschaft einlaufen? Weibliche Solidarität ist nun zweifelsohne von großem praktischem Nutzen: Nicht nur als Beraterinnen und unentgeltliche Babysitterinnen, sondern häufig auch als großzügige Financiers bewähren sich die stolzen Großmütter (und bisweilen -väter). Zumindest wenn räumliche Nähe dies erlaubt.

Aber auch wenn die Tochter ihr Kind weit in der Ferne auf die Welt bringt, wird sie nun mehr und vielleicht anders über die Mutter (nach-)denken. Die eigene Kindheit wird in tausend kleinen Alltagssituationen wieder wach, das Bild der Mutter rückt in den Vordergrund. Ihre Wörter, ihre Sätze, ihre Gesten werden in der eigenen Art, die neue Rolle anzupacken, täglich erkennbar. Vielleicht ist es auch der Partner, der dies entdeckt: »Du sprichst wie deine Mutter.«

Mütter von kleinen Kindern sind nach Ansicht von Therapeuten einer Psychoanalyse besonders zugänglich. Es hat sich ein Tor zur eigenen Kindheit geöffnet. Vieles wird neu beleuchtet und in Frage gestellt.

Denn die neue, rollenbedingte Nähe zur Mutter ist auch Stein des Anstosses. »Ich wollte doch so vieles anders machen als meine Mutter. Ihre Ängstlichkeit, ihre Besorgtheit haben mich immer so genervt. Und jetzt höre ich sie förmlich durch mich hindurch sprechen: ›Pass auf! Spring nicht! Du könntest dir das Bein brechen!‘, rufe ich meinem Sohn zu. Sind wir denn verurteilt, ewig das zu wiederholen, was uns widerfuhr?« Diese Frage stellt sich nicht nur die Mutter des dreijährigen Sven. »Die meisten Töchter sahen ihr Leben sowohl jetzt anders als das Leben ihrer Mütter und wollten auch in Zukunft ein wesentlich anderes Leben führen.« So wieder das Ergebnis der soziologischen Analyse von Lucy Rose Fischer. Das Bedürfnis, anders zu leben, macht keinesfalls beim Thema Mutterschaft und Kindererziehung Halt, im Gegenteil: »Mit der Geburt werden die Eltern unbewusst in kulturelle und soziale Rollen von Vater- und Mutterschaft gedrängt«, sagt der Zürcher Psychoanalytiker Andreas E. Benz. Ob sie diese Rollen nun ähnlich wie ihre Eltern ausfüllen wollen oder das starke Bedürfnis zur Abgrenzung verspüren, »stets wird ihr eigenes emotionales Verhältnis zu Vater und Mutter die Beziehung zum Neugeborenen belasten oder komplizieren, je nach der eigenen Lebensgeschichte«. Wie sie im Rückblick auch immer erscheinen mag, sonnig oder bewölkt, die eigene Kindheit kommt erneut auf die Tagesordnung. Sich mit ihr noch einmal zu beschäftigen, sie notfalls durchzukauen oder sogar an ihr zu würgen, bleibt keinem erspart, der genauer hinsieht. Vermutlich hat es auch im Hinblick auf die geteilte Erziehungsarbeit seinen guten Sinn. Wer gemeinsam mit einem Partner das Recht zur Sorge um ein Kind trägt, sollte auch das Recht für sich in Anspruch nehmen, über die Kindheit dieses Partners das eine oder andere zu erfahren.

Was die Abgrenzung von der eigenen familiären Tradition betrifft, so geht es um scheinbar kleine, aber auch um ganz grundsätzliche Veränderungswünsche. Meine Mutter zum Beispiel hatte sich immer vorgenommen, ihre Kinder nicht zum Essen von Vanillepudding mit Haut zu zwingen. Vor allem aber, und das war schon grundsätzlicher, wollte sie ihre Töchter nicht daran hindern, auf Bäume zu klettern, sich »feine Kleider« dreckig zu machen und eine gemischte Schule zu besuchen. Sie selbst wollte nie die Dame werden, die aus ihr zu machen zweifelsohne das Ideal meiner Großmutter gewesen wäre. Und schon gar nicht eine Dame, die die Erziehung ihrer kleinen Kinder einem Kindermädchen anvertraut. Hierin zeigte sich schon ein Unterschied der Generationen: Denn Kindermädchen waren in den fünfziger Jahren ohnehin nicht mehr im größeren Maßstab verfügbar. Meine Mutter widmete sich also voll und ganz der Erziehung ihrer Kinder. Und hat heute Enkelinnen, die erstaunt fragen: »Hast du denn nie gearbeitet?« Natürlich bekommen diese jungen Mädchen nebenbei eine Lektion in Sachen »Arbeit« und wissen seitdem, dass Erwerbsarbeit in dieser Hinsicht nicht alles ist... Trotzdem können meine Töchter und ihre Cousinen nicht so richtig verstehen, wie es kam, dass ihre Großmutter, eine ausgebildete Medizinerin, einen Full-Time-Job als Hausfrau annahm und behielt. Ihre Mütter machten es anders. Und noch ein bisschen anders anders wollen es höchstwahrscheinlich deren Töchter machen.

Dass so gravierende Veränderungen weiblicher Lebensläufe innerhalb weniger Generationen »passieren«, ist in der Geschichte wahrscheinlich ohne Vergleich. Wenn Frauen Mütter werden, ist der Wunsch, Vieles und Grundlegendes anders zu machen als die eigene Mutter, deshalb heute nicht nur ein psychologisches, sondern auch ein gesellschaftliches Thema. Das entlastet: Denn es geht nicht mehr nur um Animositäten und Temperamentsunterschiede zwischen einzelnen Müttern und ihren Töchtern. Es geht nicht um unbeglichene Rechnungen und dauerhafte Vorwürfe. Das große Thema schlechthin ist die Veränderung der Lebensplanung von Frauen mit Kindern in unserer Gesellschaft.

Es ist ja noch nicht allzu lange so, dass von Planung im Zusammenhang mit Frauenbiographien überhaupt gesprochen werden kann. Erst sichere Verhütungsmittel wie die 1962 in Deutschland eingeführte Antibabypille machten es möglich, die modernen »K« Karriere, »Kerle« und – in gebührendem Abstand – Kinder strategisch günstig miteinander zu vereinbaren. Der eigentliche Prüfstein dafür, ob die hehren Ziele Emanzipation, Gleichberechtigung, Gleichstellung, Frauenbefreiung in einer Gesellschaft längst erreicht sind oder weiter Herausforderungen für die Zukunft bleiben, liegt bekanntlich in der Kinderbetreuungsfrage. Ich persönlich begrüße es, wenn sich meine Töchter auch mit der Großelterngeneration darüber unterhalten.

Wenn sie sehen, wie dicht Lebensentwürfe an ihre eigene Lebenszeit heranreichen, die ihnen von der Sache her schon fremd und wenig nachvollziehbar erscheinen, dann bekommen sie vielleicht auch ein Gespür dafür, dass diese Modelle psychologisch für die Generation der Mütter noch große Bedeutung haben. Dass es für ihre vierzig- bis fünfzigjährigen Mütter zwar selbstverständlich ist, einen Beruf nicht nur zu »haben«, sondern ihn auch auszuüben. Dass die Mütter zugleich jedoch eine sehr anspruchsvolle Vorstellung davon haben, was eine »gute Mutter« alles für ihre Kinder tun müsse, und vor allem: wie präsent sie zu sein habe. Eine Vorstellung mit anderen Worten, die von der hauptamtlichen Muttertätigkeit der früheren Frauengenerationen und damit auch von Begriffen wie »Aufopferung« geprägt wurde. Und die auf direktem Weg in die müttergenesungswerksverdächtige Überforderung führen könnte. In Deutschland ist das zudem seit der Wende eines der großen Ost-West-Themen. Denn die staatlich organisierte Kinderbetreuung führte dazu, dass es für Mütter in der DDR selbstverständlich war und keiner organisatorischen Spitzenleistungen bedurfte, »außer Haus« berufstätig zu sein.

Wenn Töchter nicht Mütter werden

Selbst eines oder mehrere Kinder in die Welt zu setzen, schafft zweifelsohne eine große Gemeinsamkeit mit der eigenen Mutter, mit den eigenen Eltern. Die meisten Eltern lieben es, eines Tages Großeltern zu werden: Sie mögen Kinder. Sie freuen sich, dass die Geschichte der Familie sich fortsetzt. Nicht zuletzt aber betrachten sie es als Bestätigung einer eigenen Lebensentscheidung, wenn ihre Kinder selbst Eltern werden. Zumindest in diesem Punkt wollen die kritischen Nachkommen also offensichtlich nicht alles anders machen als sie selbst.

Wenn aber doch? Wie verstehen sich Mütter und ihre erwachsenen Töchter, die nicht Mütter werden? Doppelt so viele Töchter mit Kindern als Töchter ohne Kinder, so das wenig überraschende Ergebnis der Untersuchungen von Lucy Rose Fischer, sehen ihr Leben als dem der Mutter »ähnlich« an.

Frauen ohne Kinder leben meist anders als ihre Mütter. Zumindest anders, als die Mütter über weite Strecken ihres Lebens gelebt haben. Es mag schon sein, dass beide, erwachsene Tochter und Mutter in der Nach-Erziehungs-Phase, zum gleichen Zeitpunkt voll und ganz in einem interessanten und fordernden Beruf aufgehen. Dass beide gerade Single sind oder die Freuden einer Partnerschaft genießen. Doch diese Gleichheit ist eine Frage des Lebensabschnitts: Früher einmal, als die Kinder klein waren, war das Leben der Mutter als junger Frau von der Sorge um sie bestimmt. Und es ist sehr wahrscheinlich, dass sie das heutige Leben ihrer Tochter mit diesem Abschnitt des eigenen Lebens vergleicht.

Möglich, dass dieser Lebensabschnitt auf die Tochter noch zukommt, dass sie ihren Kinderwunsch noch auf eine unbestimmte Zukunft verschoben hat. »Sie brauchen ja heute so lange, bis sie mit der Ausbildung fertig sind. Ich werde wohl erst spät Großmutter werden« sagt zum Beispiel eine 60-jährige Ärztin und Mutter von vier Kindern. Sie weiß, dass viele Ausbildungswege heute lange dauern. Ihre Kinder haben ihr auseinander gesetzt, wie wichtig es ist, danach mit einer Stelle wirklich im Beruf Fuß zu fassen, Kontakte zu knüpfen, Anrechte zu erwerben, zusätzliche Qualifikationen »daraufzusetzen«. Ausserdem sind die Töchter ja so gesundheitsbewusst und sportlich, hat die moderne Gynäkologie so viele zusätzliche Sicherheiten gebracht: Da wird auch einer späteren Mutterschaft nichts im Wege stehen.

Möglich aber auch, dass sich von ihren zwei Söhnen und zwei Töchtern nicht alle für die Elternschaft entscheiden werden. Oder natürlich, dass Kinderwünsche unerfüllt bleiben, was ja nicht zuletzt mit den länger aufgeschobenen unter ihnen passieren kann.

Schon immer gab es kinderlose Erwachsene: Menschen, die sich bewusst für die Ehelosigkeit entschieden, andere, die nicht den geeigneten Partner fanden, Ordensleute und »alte Jungfern«, Ehepaare, die viele Jahre erfolglos auf Nachwuchs warteten. Dass Paare sich bewusst und aus freien Stücken gegen das Kinderkriegen entschieden, kam dagegen ausgesprochen selten vor. Wahrscheinlich waren die studentenbewegten Mitglieder der 68er-Generation die ersten, die im größeren Maßstab darüber diskutierten. Schlagworte wie »Mein Bauch gehört mir«, aber auch von Verantwortungsbewusstsein getragene Argumentationsketten standen auf der Tagesordnung, die schlüssig bewiesen, ein wie zweifelhaftes Vergnügen es sei, ungefragt in eine von Leid und Ungerechtigkeit geprägte, sinnentleerte oder chemieverseuchte Umwelt hineingeboren zu werden. Für die Eltern der Revolutionäre war das unerhört: In ihrem Leben waren Fortpflanzung und Sexualität noch eng verquickt.

Vielleicht liegt es in der Natur der Sache, dass zahlreiche erklärte Gegner der menschlichen Fortpflanzung später, nicht zuletzt zur Freude ihrer eigenen Eltern, doch noch zu Vätern oder Müttern wurden. Doch der Pillenknick ist ein statistisches Faktum. Es wurden seit der Einführung des zuverlässigen Empfängnisschutzes weniger Kinder geboren. Und Kinderlosigkeit wurde interpretationsbedürftig: Sie ist heute häufig Ergebnis einer freien Wahl. Einer Wahl, mit der sich Menschen nebenbei auch von dem Lebensmuster ihrer eigenen Eltern absetzen. So gesehen kann es kein Zufall sein, dass die Möglichkeit zur sicheren Empfängnisverhütung und die radikale Infragestellung des bisher unangefochtenen bürgerlichen Lebensstils der Nachkriegszeit im gleichen Jahrzehnt die Bühne betraten. »Anders« zu leben als die Eltern bedeutete deshalb nicht nur, die Maxime »Schaffe, schaffe, Häusle baue« und die Verdrängung der Nazizeit in Frage zu stellen, bedeutete nicht nur, andere Musik zu hören und flippigere Klamotten zu tragen. Es bedeutete auch in zunehmendem Maß, die Fesseln der Geschlechtsrollen zu sprengen und der Einrichtung namens Familie äußerste Skepsis entgegenzubringen. Man konnte ab jetzt so frei sein, einfach keine mehr zu gründen.

Diejenigen, die damals, Ende der 60er, Anfang der 70er Jahre, Kinder bekamen, sind heute schon Großeltern – oder könnten es sein. Viele von ihnen haben sich bewusst für die Elternschaft entschieden – viel bewusster, als ihre Eltern das tun konnten. Und sie haben auch die Erziehung sehr bewusst in Angriff genommen. Wenn ihre Kinder sich nun gegen Nachwuchs entscheiden, viel leiser und unspektakulärer und teilweise auch aus anderen Motiven als ihre Vorläufer der 60er-Jahre, so markiert das für sie unter Umständen einen neuen und schmerzlichen Generationenbruch.

Wie Lucy Rose Fischer feststellte, ist die Absetzbewegung zumindest bei den Töchtern auch räumlich und zeitlich zu bemerken: Kinderlose Töchter wohnen im Durchschnitt weiter von ihren Müttern entfernt, sie besuchen sie seltener und bezeichnen den Kontakt als loser. Alle diese Befunde lassen sich durch die größere berufliche Aktivität der Töchter erklären: Die Karriere führt sie an andere Orte, lässt ihnen weniger Zeit für Besuche, schränkt aber möglicherweise zugleich auch den Raum für gemeinsame Interessen ein. Was an die Stelle von gemeinsamer Zeit treten kann, ist etwas wesentlich Abstrakteres, doch es ist nicht ganz unwichtig: Das Bewusstsein beider Frauen, sich gegenseitig mitsamt den unterschiedlichen Lebenswegen zu respektieren. Und bisweilen ein ganz besonderer Stolz der Mutter auf ihre eigenständige Tochter. Als Kommunikationsmedium bewährt sich dabei das Telefon.

Eine weitere Feststellung von Lucy Rose Fischer verdient zu Ende dieses Abschnitts mindestens am Rande Erwähnung: Auch Töchter, die nicht Mütter werden, sind danach »vom Mutterdasein betroffen«. Denn die Mutterschaft ist nur eine Form der fürsorglichen Beziehung. Mütterlichkeit können Frauen auch im Beruf und in vielen privaten und gesellschaftlichen Bereichen leben. Nicht zuletzt gegenüber ihren alten Eltern. Faszinierend fand ich auch Fischers Beobachtung, dass viele der von ihr interviewten Frauen die großen Abschnitte ihres Lebens nicht wie die meisten Männer mit der »Arbeitsuhr«, sondern mit einer Art »Familienuhr« bemessen: Nicht »als ich nach Bochum versetzt wurde« ist dann das Kriterium, sondern »als meine Mutter krank wurde«.

Auch Margaret Mead war nicht nur während ihrer Expeditionen besonders an Kindern interessiert: »Ich war ein ›Kinderwagen-Gucker‹ gewesen«, so bekennt sie ohne Umschweife. Doch als ein Gynäkologe der frisch Vermählten eröffnete, sie werde keine eigenen Kinder bekommen können, stellte sie sich auf ein gemeinsames Forscherleben mit ihrem Mann ein: »Es hatte für mich immer die Alternative eines anderen Lebens gegeben.« Sie konnte es nehmen, wie es kam, weil das Leben viele attraktive Möglichkeiten bot. Und das ist nicht das Schlechteste, was Mütter ihren Töchtern in Sachen Fortpflanzung mitgeben können.

»Endlich frei sein!«

Ein Gespräch mit Hiltrud (55), Mutter eines Sohns (23) und einer Tochter(21) und Schwester von zwei Brüdern

Wie siehst du rückblickend die Abnabelung von deiner Mutter?

Ich konnte es damals kaum abwarten, von Zuhause wegzukommen. Mein Wunsch war es, die große weite Welt kennen zu lernen und bloß nicht zu Hause zu bleiben. Ich fühlte mich zu sehr beengt in einer Welt voller Normen und gesellschaftlicher Konventionen, im Spanien der Franco-Zeit, Anfang der sechziger Jahre. Es war so langweilig. Zu Hause hatte meine Mutter das Sagen. Keiner von uns Geschwistern hätte sich zum Beispiel getraut, offen zu sagen: Am Sonntag gehe ich mal nicht in die Kirche.

Mein Vater wollte mich, das Mädchen, noch nicht einmal Abitur machen lassen. Er bot mir stattdessen eine Ausbildung als Zeichnerin in seinem Studio an. Obwohl ich gar nicht so genau wusste, wie es woanders aussah, denn es gab ja noch kein Fernsehen und wir reisten kaum: Es zog mich einfach von zu Hause weg. Ich wollte frei sein, selbst meinen Weg finden. Ich setzte mich durch.

Aus England, Deutschland und später Mexiko schrieb ich jede Woche einen Brief nach Hause. Zwar hatte ich Heimweh, gleichzeitig genoss ich meine Unabhängigkeit aber sehr. Als ich dann mit inzwischen 25 Jahren für ein drei viertel Jahr wieder zu Hause wohnte, war es wieder da: das Gefühl der Enge. Es war immer noch nichts los, immer noch Franco-Spanien, das Wohnen bei den Eltern einfach nicht mehr angemessen, aber Ausziehen war noch nicht üblich und auch nicht zu finanzieren.

Sobald ich genug Geld hatte, um wieder loszuziehen, zog ich nach Deutschland. Mit meiner nur standesamtlichen Trauung setzte ich mich gegen den Wunsch meiner Eltern durch. Wenn meine Mutter nun zu Besuch kam, war sie die Helfende und Ratgebende.

Erst als mein Vater ein Pflegefall wurde, kehrten sich die Rollen um: Nun versuchte ich ihr zu helfen und sie zu stärken. In dieser Zeit haben wir uns besonders gut verstanden. Wir tauschten auch zum ersten Mal ganz persönliche Erfahrungen und Erlebnisse aus.

Erst seit ich geschieden bin und endlich nicht mehr versuche, ihr wohlgefällig zu sein, erst seit ich ganz offen sagen kann, was ich denke und was mich an ihr stört, habe ich das Gefühl, mich vollständig von ihr gelöst zu haben. Das Verhältnis ist gut, aber eher, weil sich beide bemühen, die typischen Sackgassen zu vermeiden.

Zu meinem Vater, den ich ja als Kind meiner Generation kriegsbedingt erst mit vier Jahren kennen gelernt habe, habe ich nie eine direkte Beziehung gehabt. Die Kommunikation lief weitgehend über meine Mutter. Der jahrelange Briefwechsel – denn telefoniert haben wir damals selten – fand nur zwischen mir und meiner Mutter statt. Als er starb, empfand ich über eine kurze Zeit große Trauer.

Und das Verhältnis zu deinen Kindern? Habt ihr euch schon abgenabelt?

Ines war immer sehr anhänglich und hat mich immer in alles hineingezogen, was sie bewegte. Jede Art von Kummer, Ärger und Stress, aber natürlich auch Freude und Überschwang, bekam ich voll ab. Im Gegensatz zu ihrem Bruder Jens, der alles mit sich allein abmachte und den ich immer fragen musste, was denn los sei, habe ich Ines in fast allen Lebenslagen begleitet. Vor allem musste ich ihr durch die Schule helfen. Diese Unterstützung bestand zwar auch aus Nachhilfe, vor allem aber musste ich sie zum Durchhalten bewegen, ihr Mut machen und sie mit Tricks und Strategien bei Laune halten. Ich empfand das manchmal als Belastung, vor allem in der Zeit nach der Scheidung. In der Oberstufe endlich war sie selbstständiger. Während ihres Abiturs verreiste ich nicht, sie legte großen Wert auf meine Betreuung. Als ich einmal in Rom war und zu Hause anrief, musste ich eine Art Fernseelsorge betreiben: Sie hatte fürchterlichen Liebeskummer. Immer, wenn ich fort war, war etwas los, mal hatte sie dies, mal jenes. Ich fehlte ihr immer. Als ich von einer langen Spanienreise zurückkam, teilte sie mir mit, sie habe sich in einen Mann verliebt, der erst seit zwei Monaten verheiratet sei. Nach langen Gesprächen, in denen ich versuchte, ihr klar zu machen, worauf sie sich da einließ, entschloss sie sich, die Beziehung fortzuführen. Seitdem er sich von seiner Frau getrennt hat und in ein Appartment gezogen ist, hat sie keine Nacht mehr zu Hause übernachtet. Ihre Sachen hat sie aber noch hier, sie lernt hier und wohnt dort. Das heißt, sie ist noch nicht ganz ausgezogen.

Während ihres Vordiploms bat sie mich wieder um Unterstützung. Wieder einmal Durchhalteappelle und Lernstrategien. Wenn sie hier ist, verbreitet sie leicht Stress. Ich fühle mich eher entlastet, seit ich nicht mehr alles mitbekomme. Sie kommt manchmal zum Frühstück, dann tauschen wir uns aus. Manchmal sehen wir uns auch abends, bevor sie mit ihrer umgepackten Tasche zu ihrem Sport und dann zu ihrem Freund fährt.

Das Verhältnis zwischen uns ist eigentlich sehr gut. Sie betont oft, keine ihrer Freundinnen habe ein so gutes Verhältnis zu ihrer Mutter. Ich kann ihr sehr viel von mir erzählen, ich kann bei ihr auf sehr viel Einfühlungsvermögen und Hilfsbereitschaft rechnen.

Und dein Sohn, ist es mit ihm anders?

Jens kommt nicht so leicht selbst auf die Idee, anzupacken. Wenn ich ihn um etwas bitte, macht er es aber sofort. Er sieht nichts, merkt auch nicht, wenn es mir mal nicht so gut geht. Die Kommunikation läuft auf einer ganz anderen Ebene als mit Ines.

Andererseits war er von Anfang an sehr selbstständig. Er braucht mich nicht so sehr, glaube ich. Er wohnt zwar immer noch zu Hause, obwohl er schon das fünfte Semester abge-

schlossen und seinen Auszug mehrmals angekündigt hat. Aber er trifft seine Entscheidungen selbst, und ich kann froh sein, wenn ich davon erfahre. Während der Schulzeit rief er mich eines Tages zum Beispiel im Büro an und teilte mir mit, er habe mit der Ärztin im Krankenhaus einen Operationstermin ausgemacht. Beim Essen reden wir über Politik, Bücher, und Arbeit, kaum über Persönliches.

Wie teilt ihr die Hausarbeit?

Ich habe schrittweise versucht, mich von meinen Mutterpflichten zu lösen, wir teilen uns viele Aufgaben und treffen etliche Absprachen dafür. Ich bin zum Beispiel stolz darauf, durchgesetzt zu haben, dass Jens seine Sachen selbst bügelt. Jetzt hat er gerade verkündet, dass er bis zum Staatsexamen hier wohnen bleiben will. Ich habe gesagt, dass ich vorhabe, mich weiter zurückzuziehen.

Hiltrud ist die Frau in der »Sandwich«-Position, die für viele Frauen ihrer Generation typisch ist: Sie selbst wollte möglichst früh möglichst frei sein und hat sich das hart erkämpft. Ihren beiden Kindern geht es ganz anders: Sie leben ohne Probleme weiterhin zumindest in Teilzeit mit ihrer Mutter zusammen, fühlen sich von ihr offensichtlich in keiner Weise eingeengt und schätzen sie als Gesprächspartnerin. Hiltruds letzter Satz deutet darauf hin, dass es vielleicht bald wiederum sie sein wird, die Frau der mittleren Generation, die auf mehr Abstand pocht.

***Fazit:* Die »erwachsene« Beziehung zwischen Müttern und Töchtern ist von vielfältigen Erwartungen bestimmt. Es lohnt sich, vor allem den versteckten unter ihnen nachzuforschen.**

Wir verlassen unser Zuhause
nicht nur, damit wir mehr Raum zum
Leben haben, sondern auch,
um nicht mit ansehen zu müssen, wie
unsere Eltern an Lebenskraft verlieren.
SALMAN RUSHDIE

Ich habe das Glück gehabt,
den Geist meiner Eltern bis weit über
meine mittleren Lebensjahre hinaus
bewundern zu können.
MARGARET MEAD

Wenn Mütter älter werden – Neue Rollen

Bemuttern heißt umsorgen und ist rein sprachlich das Verb, das zur Mutter gehört. Ist es auch das Privileg der Mütter? Zwischen Müttern und ihren erwachsenen Töchtern ist ein Verhältnis gegenseitiger Bemutterung, wie gesagt, möglich, wenn auch nicht allzu häufig anzutreffen. Eine schöne Ausgeglichenheit des Gebens und Nehmens, ein Glücksfall, von dem die Beteiligten sich in ihrer Unbescheidenheit nur wünschen können, er möge ewig so andauern. Eine tatkräftige Mutter zu haben, selbst mit beiden Beinen fest im eigenen Leben zu stehen und zu wissen, dass gegenseitiger Beistand jederzeit möglich ist und häufig geübt wird, ist jedoch ein ebenso erstrebenswerter wie fragiler Zustand.

Bevor wir davon sprechen, dass Krankheit und Tod ihn bedrohen, sollten wir uns einen anders gelagerten Fall genauer anschauen. Es ist, wenn man so will, ein Kündigungsfall in Sachen Bemutterung. Und er ist, zugegebenermaßen, im wirklichen Leben eher selten.

Die Geschichte von Frau B.

Frau B. lebte hintereinander zwei Leben. »Das eine, erste, als Tochter, als Frau und als Mutter, und das zweite einfach als Frau B., eine alleinstehende Person ohne Verpflichtungen und mit bescheidenen, aber ausreichenden Mitteln.« Allerdings dauerte das erste Leben der Frau B. siebzig, das zweite dagegen nur zwei kurze Jahre. Im ersten Leben zog Frau B. fünf Kinder groß, zwei Töchter und drei Söhne. Sie führte allein den Haushalt und unterstützte ihren Mann, der eine Lithographenanstalt betrieb. »Davon war sie mit den Jahren kleiner geworden.«

Im zweiten, kurzen Leben besuchte Frau B. das Kino. Sie, die viele Jahre für Mann, Kinder und Gehilfen gekocht und selber nur die Reste gegessen hatte, ließ sich nun im Wirtshaus bedienen. Bei ihrem Freund, einem Flickschuster und Sozialdemokraten, trank sie ab und zu ein Glas Rotwein und hielt ein Schwätzchen. Der Umgang mit ihm, der den Kindern zweifelhaft erschien, gefiel ihr besser als die Kaffeegesellschaften der angesehenen Damen des Ortes, denn er hatte etwas von der Welt gesehen. Frau B. weigerte sich zum Erstaunen ihrer Kinder nicht nur, zu einem von ihnen zu ziehen, um nicht »ganz allein zu leben«. Nein, sie schlug sogar dem jüngsten Sohn, der kränklich und mit einer »viel zu großen Familie« in einer kleinen Wohnung lebte, rundum den Wunsch ab, in ihr Haus zu ziehen. Frau B. wollte allein sein. Der Sohn, der aus dem Ausland kam, um nach ihr zu schauen, musste sein Nachtquartier im Gasthof nehmen.

Sie schien »mit dem Familienleben abgeschlossen zu haben und neue Wege zu gehen, jetzt, wo ihr Leben sich neigte«. Und auch wenn die Familie sich erregte über all das »hinausgeworfene Geld«, die Lebenslust der alten Dame und ihre Distanziertheit gegenüber den eigenen Kindern und Enkeln, so musste der Enkel nach ihrem Tod rückblickend erkennen: »Sie hatte die langen Jahre der Knechtschaft und die kurzen Jahre der Freiheit ausgekostet und das Brot des Lebens aufgezehrt bis auf den letzten Brosamen.« Kein Wunder, wenn das Gesicht der Toten auf dem Foto, das für die Familie gemacht wurde, zwar winzig klein und verhutzelt, aber kein bisschen kleinlich wirkte.

»Die unwürdige Greisin« lautet der ironisch-leichte Titel, den der Dichter Bertolt Brecht seiner kleinen Erzählung aus dem Jahr 1940 gab. Nachdem Frau B. die Rolle als Ehefrau verloren hat, entledigt sie sich sehr zum Befremden ihrer Kinder auch der Rolle, von der alle annahmen, sie sei unlösbar mit ihrer kleinen, gewissenhaften und sparsamen Person verbunden: Sie weigert sich, für ihre erwachsenen Kinder weiter Mutter zu sein. Sie lebt ungebunden, sie ist einfach eine Frau, eine freie Frau. Man hat von ihr zuvor keine Klagen gehört. Umso unerhörter ist jetzt ihr Verhalten.

Natürlich ist das keine psychologisch ausgefeilte, realistische und glaubhafte Story. Wie sollte eine Frau, die über ein halbes Jahrhundert so anstandslos funktioniert hat, eine brave Tochter, unterwürfige Ehefrau und aufopfernde Mutter, überhaupt auf die Idee kommen, die Mutterrolle so radikal abzulegen? Woher sollte sie die Kraft dazu beziehen? Wo war die »freie Frau« bisher versteckt, die nun für zwei kurze Jahre ans Licht der Öffentlichkeit trat?

Natürlich ist dies eine wunderbare Geschichte. Denn sie sagt kein Wort zu viel. Sie zeigt nur, dass das Leben – auch für erwachsene Kinder – Überraschungen bereithält. Dass es selbst einer Mutter freisteht, mit dem Bemuttern der anderen eines schönen Tages ganz aufzuhören. Und dass selbst das »Greisenalter« (das wir heute allerdings noch nicht mit 72 beginnen lassen) neue Lebensinhalte bereithalten kann.

Großmutter werden

»Wissenschaftler und Philosophen haben lange Spekulationen darüber angestellt, woher der Glaube des Menschen kommt, dass er ein Geschöpf mit einem Leben nach dem Tod sei oder, etwas weniger üblich, mit einem Leben, das seinem Leben hier auf der Erde voranging.« Auch die Ethnologin Margaret Mead war immer wieder mit den religiösen Vorstellungen verschiedener Völker über ein Leben nach dem Tod konfrontiert. Was das mit dem Großeltern-Thema zu tun hat? Sie hatte einen Geistesblitz, als ihre Tochter ihr ankündigte, sie werde bald Großmutter werden. Die Tochter lebte in der Ferne, und dass »irgendwo, Meilen entfernt, eine Kette von Ereignissen stattfand, die den eigenen Status für immer veränderten«, das war für die Großmutter in spe eine völlig neue Erfahrung. Ohne eigenes Zutun sollte sie in eine völlig neue Rolle geraten, die sie aber spontan als die ihre, ihr gemäße anerkennen musste. Das außergewöhnliche Gefühl, »dass man nicht durch eine eigene Handlung verändert worden ist, sondern durch die Handlung des Kindes«, machte ihr mit einem Schlag verständlich, dass Menschen an ein Leben nach ihrem körperlichen Tod glauben können. Nicht verwunderlich insofern, dass die Figur der »Annaselbdritt« in der Geschichte der christlichen Kunst eine bedeutsame Rolle spielt: In diesen Darstellungen hält die heilige Anna ihre Tochter Maria, die ihrerseits den Jesusknaben auf dem Arm hat.

Die neue Rolle verknüpft mit der Zukunft, doch sie verbindet auch mit der Vergangenheit. Sie weckt Erinnerungen an die Zeit, in der die eigenen Kinder klein waren. Und sie stellt vor allem Großmütter, die sich schon in der Elternrolle sehr engagiert haben und die nun Zeit und noch Kraft genug haben, vor die Aufgabe, Hilfe anzubieten, ohne sich einzumischen. Wir haben gesehen, dass durch die Mutterrolle der Tochter eine neue Nähe zwischen den Frauen der beiden Generationen entstehen kann, dass jedoch auch neue Abgrenzungen nötig werden können: Zum Beispiel in Erziehungsfragen, wenn die Tochter findet, dass die Mutter sich zu sehr einmischt. Umgekehrt aber auch, weil die Mutter findet, dass die Tochter ihre Verfügbarkeit allzu selbstverständlich voraussetzt und ihren Terminkalender nicht respektiert, weil »die Familie vorgehen sollte«. Wer weiß, ob dies Problem nicht in den Familien der Zukunft noch zunehmen wird?

Heute allerdings ist das Problem der Einmischung wahrscheinlich noch das bedeutsamere. Margaret Mead findet, dass Großeltern zu sehr auf Abstand und Diskretion verpflichtet werden: »Ich glaube, wir verlangen zu viel von Großeltern.« Sie sieht es nicht ein, dass die ältere Generation zwar den jungen Eltern hilfreich zur Seite stehen, sich jedoch mit Urteilen zurückhalten, sich nicht in die Erziehung einmischen, die Kinder nicht verwöhnen und sich nicht aufdrängen soll. Ihrer Ansicht nach werden die meisten amerikanischen Großeltern »in ihrem mühsamen Beharren darauf, nicht zur Last fallen zu wollen, dadurch bestärkt, dass ihre Eltern ihnen eine Last waren«. Dass die Autorin auf das Verhältnis zu ihren eigenen Eltern und Großeltern zurückgreift, wenn sie diese Zurückhaltung als unangemessen kritisiert, scheint mir allerdings kein Zufall zu sein: Wir alle neigen wahrscheinlich dazu, diese schwierigen Fragen aus der eigenen Erfahrung zu beantworten. Mein Eindruck ist, dass sich die Gratwanderung zwischen erwünschter Hilfe und Nähe auf der einen und unerwünschter Einmischung auf der anderen Seite heute ein wenig leichter gestaltet: Erstens wird in den Medien und vor allem in den Familien offener darüber gesprochen. Dadurch wächst das Bewusstsein dafür, dass jede Familie ihren individuellen Weg suchen darf. Und es wächst die Möglichkeit, die eigenen Bedürfnisse offen auszusprechen, statt von der Verwandtschaft zu erwarten, dass sie doch »spüren müsse«, wann sie stört und wann sie gebraucht wird. Zweitens sind frisch gebackene Großmütter und junge Mütter heute nicht mehr so ausschließlich auf die familiären Rollen festgelegt. Sie könnten die Beziehung also lockerer sehen: Nicht jeder gute Rat ist eine Einmischung, nicht jede Lebenserfahrung muss unbedingt weitergegeben werden.

Dankbarkeit

Unabhängig davon, ob es Enkel oder Urenkel in der Familie gibt: Das Verhältnis zwischen erwachsenen Kindern und ihren alternden Eltern hat häufig die Gestalt eines unentwirrbaren Gefühlsknäuels, in dem die Stränge Dankbarkeit und Schuld nicht die unbedeutendste Rolle spielen.

»Ehre das Mutterherz/So lange es schlägt/Wenn es gebrochen ist/ Ist es zu spät.« Poesiealbums-Lyrik dieser Art haben wir alle im Kopf, wenn es um dieses Thema geht, und man sagt, sie sei auch in anderen Kulturen nicht ganz ungebräuchlich. Monika, eine 47-jährige Mutter von drei Töchtern, ist ebenso langjährige wie erklärte Gegnerin des Muttertags. Nicht, weil wir ihn angeblich der Schnittblumenindustrie verdanken und weil er bedenkliche Assoziationen an Auszeichnungen für Gebärfreudigkeit in Diktaturen wachruft. Auch nicht wegen der unsäglichen Gedichte, die in allen Grundschulklassen gelernt werden und die nach dem Motto »Wir wären nie gewaschen/Und meistens nicht gekämmt/Wenn du nicht für uns sorgtest...« ein veraltetes Mutterbild verherrlichen. »Nein: Aber sollte man mich wirklich dafür feiern, dass ich mir das gegönnt habe, wonach mir mehrmals im Leben zu Mute war? Ich habe schließlich Kinder, weil ich sie wollte. Gibt's etwa Blumen dafür, dass ich ein spannendes Leben führe?« Man sieht schon: Für Dankbarkeit sieht Monika nicht den geringsten Anlass. Allenfalls ihrem Partner gegenüber, »aber das ist ein andere, sehr private Geschichte«. Und wie wird das später sein, wenn sie alt ist? »Das kann ich heute noch nicht sicher wissen. Aber ich erwarte nichts Bestimmtes von meinen Kindern. Sicher, ich würde gern etwas von ihrem Leben mitbekommen. Ich kann mir nicht vorstellen, dass eine von ihnen in Australien lebt und ich sie nur alle Jubeljahre sehe. Aber auch das kann schließlich passieren. Die schlimmste Vorstellung ist allerdings, dass eine meiner Töchter dauerhaft unglücklich sein könnte. Wie ein lebender Vorwurf, dass ich sie in die Welt gesetzt habe. Denn Kinder zu bekommen, war ja nicht zuletzt eine sehr egoistische Entscheidung.«

Dankbarkeit kann von Kindern nicht »gefordert« werden. Schließlich hat keines von ihnen darum gebeten, in diese Welt gesetzt zu werden. Dennoch kann sie sich als spontanes Gefühl entwickeln. Und es gibt glücklicherweise nicht wenige Menschen, die gerne leben und auch der Ansicht sind, ihre Erzeuger hätten mit bemerkenswertem Einsatz versucht, ihnen einen guten Start in dieses Leben zu verschaffen. Aber wie kann, wie sollte ein Kind den Eltern gegenüber Dankbarkeit zeigen?

Nancy Friday erzählt in »Wie meine Mutter« dazu eine schöne Geschichte: Eine Adlermutter will während einer Flutkatastrophe ihre Jungen in Sicherheit bringen. Als sie den Ältesten in ihre Krallen nimmt und in die Lüfte aufsteigt, verspricht der ihr ewige Dankbarkeit. »Lügner!« schimpft die Mutter und lässt ihn fallen. Ähnlich geht es dem mittleren Kind. Das Jüngste aber verspricht: »Wenn ich groß bin, werde ich versuchen, meinen Kindern eine ebenso gute Mutter zu sein, wie du es für mich bist.« Dieses Versprechen erscheint dem Adlerweibchen glaubhaft, und auch Nancy Friday meint: »Die Dankbarkeit, die wir unserer Mutter und unserem Vater schulden, richtet sich nach vorne, nicht zurück.« Ohne den schönen Satz auf die Goldwaage legen zu wollen, möchte ich vorschlagen, ihn ein ganz klein wenig abzuändern: Die Dankbarkeit, die wir *empfinden*, nicht die, die wir *»schulden«*. Wichtig finde ich aber, dass Friday damit das Versprechen des jüngsten Raubtiersprösslings ein wenig verallgemeinert. Dankbarkeit, die sich »nach vorn« richtet, muss nicht unbedingt gegenüber eigenen Kindern ausgelebt werden. Das Leben bietet bekanntlich vielfältige andere Betätigungsfelder für Güte und Hilfsbereitschaft.

Pflegebedürftige Eltern

Frau B. starb ganz plötzlich, unmittelbar nach einem Kinobesuch und in Gesellschaft eines jungen Schützlings, mit dem sie das Vergnügen geteilt hatte. Man sieht deutlich: Brecht hat ein modernes Märchen geschrieben.

In der Wirklichkeit gibt es vor dem Tod oft eine lange Phase der Krankheit, gibt es Behinderungen und Einschränkungen, die dazu führen, dass die Betroffenen auf die Hilfe anderer angewiesen sind. Oft sind es die Kinder, die dann helfen. Der Zusammenhalt der Familien ist in dieser Hinsicht ungebrochen. Ein von der Deutschen Bundesregierung in Auftrag gegebener »Alters-Survey« zeigt: 92 Prozent der 5000 Befragten zwischen 40 und 85 Jahren würden ihren Angehörigen bei Bedarf jederzeit Hilfe leisten. Für Eltern und Kinder sind das neue, ausgesprochen ungewohnte Rollen.

Mutter sein heißt ja über viele Jahre hinweg: Kleine Kinder pflegen, sie füttern, wickeln, tragen, waschen, beaufsichtigen. Das sind typische Pflegetätigkeiten. Verkehren sich nun die Rollen, wenn eine kranke Mutter pflegebedürftig wird?

Lucy Rose Fischer hat in ihrer Studie über das Verhältnis von Müttern und Töchtern auch danach gefragt, wie beide Seiten das Verhältnis empfinden, wenn die Eltern teilweise oder ganz von ihren Töchtern betreut werden. Sie stellte fest, dass keines der älteren Elternteile von einer solchen Umkehrung der Rollen sprach: Keine Mutter und kein Vater sagten ausdrücklich, dass sie sich nun in der Lage eines Kindes fühlten. Dagegen brachten alle befragten pflegenden Töchter das Gefühl zum Ausdruck, dass nun sie es seien, die der Mutter gegenüber die Mutterrolle einnehmen. (War der Vater pflegebedürftig, so sprachen sie dagegen in keinem Fall von einer solchen Umkehrung. Doch das ist ein Thema für sich: Fischer vermutet, dass Töchter sich auch unter diesen Umständen auf keinen Fall die »oberste Position innerhalb der Familienhierarchie anmaßen« wollen. Diese Scheu schienen sie den Müttern gegenüber nicht zu haben.)

Schätzen die betreuten Mütter die Lage grundsätzlich anders ein als ihre Töchter? Sind sie sich der Veränderung, die in der Beziehung zu ihren Kindern entsteht, nicht bewusst? Haben sie Mühe, eine Situation beim Namen zu nennen, in der sie sich unwohl fühlen und deren vermutliche Endgültigkeit für sie unannehmbar erscheint? Halten sie den schon anderweitig belegten Begriff »bemuttern« für unangemessen, wenn er auf die Pflegetätigkeit übertragen wird? Oder ist ihnen die Tatsache peinlich, von den einst selbst pflegebedürftigen Kindern nun ihrerseits abhängig zu sein, ohne dieser Beziehung voraussichtlich – so wie die Heranwachsenden früher – wieder entwachsen zu können?

Oft scheinen auch beide Rollen nebeneinander zu existieren. Töchter, die die häusliche Pflege ihrer Mütter übernehmen, berichten darüber, dass diese versuchen, sie herumzukommandieren, dass sie »das Ruder nicht aus der Hand geben« möchten. Kein Wunder: Angestammte Rollen geraten in dieser Situation ja gründlich durcheinander.

Welche Schwierigkeiten sich dadurch ergeben, kann recht treffend mit den Begriffen der Kommunikationstheorie beleuchtet werden, wie sie der Psychologe und Linguist Paul Watzlawick in seinem Buch »Menschliche Kommunikation« verwendet: Er geht davon aus, dass menschliche Beziehungen symmetrisch oder asymmetrisch sein können. Die Beziehung zwischen kleinem Kind und Mutter ist zweifellos von asymmetrischer Art. Das Kind braucht die Hilfe der Mutter, die Erwachsene ist im Vollbesitz ihrer Kräfte, selbst wenn das Dauergeschrei des Babys sie an den Rand des Nervenzusammenbruchs bringen sollte. Sie kennt die Welt und bestimmt im Wesentlichen die Richtlinien des Alltagslebens, selbst wenn sie beschließt, die Bedürfnisse des kleinen Kindes zu berücksichtigen. Weil starke Beziehungsmuster dieser Art dazu tendieren, sich zu verfestigen, ist es für erwachsene Kinder und ihre Eltern so ausgesprochen schwierig, eine gleichberechtigte, symmetrische Beziehung zueinander zu entwickeln. Selbst Topmanager und Chefredakteurinnen bleiben in den Augen der Eltern bekanntlich leicht »die Kinder« oder haben es zumindest schwer, sich aus dieser Rolle zu befreien. Auch die Pflegebeziehung ist asymmetrisch, so dass sich die Rollen nun zumindest in dieser Hinsicht verkehren. Doch sich von der Hilfe der eigenen Kinder abhängig zu fühlen, ist bitter. Auch wenn wahrscheinlich in allen bekannten Kulturen der Welt Kinder auch als Stützen für das Alter gesehen werden.

Hier muss auch von den Aggressionen die Rede sein, die mit der neuen Rollenverteilung verbunden sein können. Der Arzt und Psychotherapeut Erich Grond hat sich jahrelang mit dem Thema beschäftigt und erschreckende Daten dazu vorgelegt. In Deutschland hat das Problem durch die Einführung der Pflegeversicherung, die einen materiellen Anreiz zur häuslichen Pflege von Angehörigen bildet, offensichtlich zugenommen. Am Anfang der Spirale psychischer und physischer Gewalt steht Überforderung: Körperliche Belastung durch schweres Heben und 24-Stunden-Bereitschaftsdienst, psychische Belastung durch die Konfrontation mit Krankheit, Schwäche und vielleicht auch Verwirrtheit des ehemals so starken Elternteils, moralische Überforderung durch die subjektive Verpflichtung, den alten Eltern zu helfen, soziale Isolierung, räumliche Enge, rechtliche Probleme. Aggression zeigt sich dann keinesfalls nur in körperlicher Gewalt, sondern auch in Vernachlässigung, psychischem Druck oder finanzieller Ausbeutung alter Menschen. 34 Prozent der Misshandlungen von alten Menschen, die als solche aktenkundig werden, gehen von den Töchtern aus. Dabei ist allerdings, wie Grond betont, »zu bedenken, wer die Hauptpflegepersonen sind, und wer seltener die Pflege zu Hause durchführt«. Und welche Vorgeschichte die heutigen Handlungen haben: »Eltern schlugen das Kind, wenn es noch einnässte, jetzt schimpft die Tochter oder droht mit Heimeinweisung, wenn die Mutter den Teppich nass macht.«

Grond zeigt, welche Gefahren hinter der familiären Pflegebeziehung und der oft damit einhergehenden Überforderung lauern. Doch es gibt auch viele Beispiele dafür, dass Eltern und Kinder zu einer neuen Qualität der Beziehung gelangen können, wenn einer den anderen teilweise unterstützt und betreut.

Denn asymmetrisch wird die Beziehung dadurch ja nur in einer Hinsicht. Wenn beide Seiten mit dieser Veränderung bewusst umgehen, wenn sie überhaupt das Glück haben, sie bewusst mitzuerleben, birgt sie die Chance für eine neue, fruchtbare Deutung der Beziehung in sich. »Es ist von großer Bedeutung, wie die eigenen Eltern altern«, sagt Margaret Mead. Und sie fügt für sich persönlich hinzu: »Ich habe das Glück gehabt, den Geist meiner Eltern bis weit über meine mittleren Lebensjahre hinaus bewundern zu können.« Ihre Mutter musste nach einem Schlaganfall »alles wieder neu lernen«, ihr Vater wiederholte im Alter alte Geschichten. Doch beide waren gleichzeitig in der Lage, ihre Ansichten weiterzuentwickeln Und »zu beobachten, wie sich die eigenen Eltern entwickeln, ist eine der beruhigendsten Erfahrungen, die man überhaupt machen kann.«

Späte Bekanntschaft

In manchen Fällen ergibt sich überhaupt erst zwischen erwachsenen Kindern und ihren pflegebedürftigen Eltern eine echte, überraschende Bekanntschaft. Ellen, eine großstädtische Karrierefrau Mitte zwanzig, ist zunächst überhaupt nicht begeistert, als ihr Vater sie bittet, die Pflege ihrer krebskranken Mutter zu übernehmen. Die erfolgreiche junge Journalistin fühlte sich bisher immer als »Vaters Tochter«. Die Mutter, eine typische Hausfrau, die ihr Leben dem Wohl ihrer Lieben gewidmet hat, leidenschaftlich gern kocht und bastelt und sich in ihrem kleinen Eigenheim am wohlsten fühlt, ist ihr eigentlich wesensfremd. Und plötzlich soll sie »Krankenschwester und Freundin und Vertraute und alles auf einmal« für diese Frau sein? Soll Redaktionsbüro und Großstadtappartment im Stich lassen, um die häusliche Pflege einer Sterbenden zu übernehmen?

Das mit der Fremdheit ändert sich allerdings in den wenigen Monaten, die sie an der Seite ihrer Mutter verbringt, ganz dramatisch. Und um diese einschneidende Veränderung im Leben von Mutter und Tochter dreht sich der Roman »Die Seele des Ganzen«, den die bekannte amerikanische Journalistin Anna Quindlen verfasste und der jetzt auch verfilmt wurde.

Zu Beginn der gemeinsamen Zeit versucht die Hausherrin Kate Gulden, mit 46 Jahren noch jung und trotz der Chemotherapie voller Energie, das Heft in der Hand zu behalten und die gemeinsame Zeit nach ihren Vorstellungen zu gestalten. »Sie war noch nicht bereit, ihr Kind die Erwachsene im Haus spielen zu lassen.« Denn Kate Gulden hatte die Mutterrolle so sehr geliebt und so perfekt auszufüllen versucht, dass sie dieses wertvolle Terrain noch nicht aufgeben wollte. Im Gegenteil: Sie wollte diese ihre Lebensrolle so lange wie möglich nutzen, um ihrer Tochter all das weiterzugeben, wofür diese zuvor als junge Intellektuelle kein Ohr gehabt hatte: Familiengeschichten, Familienrezepte, Hausfrauentipps, Ehegeheimnisse. Doch die zweite Phase kommt schnell genug: Als die Mutter einen Rollstuhl braucht, »kehrte sich die Beziehung um. Sie war die Tochter, ich die Mutter.« So deutet wenigstens die Tochter das Geschehen. Die Kranke bekommt Wutanfälle, bettelt um ihre Morphiumration, braucht rund um die Uhr intensive Pflege.

Die Ärztin bietet der Tochter Hilfen an: einen Krankenhausaufenthalt, häusliche Krankenpflege, psychologische Unterstützung. Ellen, noch immer ehrgeizig, doch nun auf einem neuen Gebiet, möchte die Pflege der Mutter allein bewältigen. Allenfalls die Hilfe des Vaters könnte sie annehmen. Der allerdings hält sich bedeckt: Er hat an der Universität zu tun und kann nur die »Nachtschicht« übernehmen. Ellen weiß allerdings, dass er sich an der Hochschule nicht nur der Arbeit, sondern auch dem Kontakt mit hübschen jungen Assistentinnen widmet. Er kann nicht ertragen, was mit seiner Frau geschieht. Gleichzeitig hält er alles, was im Haushalt und bei der Pflege getan werden muss, für Frauenarbeit. Anna Quindlen gelingt es in einer bemerkenswerten literarischen Gratwanderung, die berechtigte Revolte der jungen Ellen gegen die ihr vom Vater zugedachte typische Frauenrolle, zugleich aber auch ihr Wachsen an der »häuslichen« Aufgabe zu zeigen. Besonders eindrücklich spricht sie dabei von einem Thema, das viele pflegende Angehörige beschäftigt: Von der Scham beider Beteiligten angesichts der körperlichen Hinfälligkeit. Einmal ruft die Mutter ihre Tochter nach langem Zögern ins Bad, weil sie nicht allein aus der Wanne kommt. Warum hat sie mit dem Hilferuf so lange gewartet? »Ich wäre lieber gestorben, als dich mich so sehen zu lassen.« Die Tochter trocknet sie sorgsam und schweigend ab. Und fragt sich später immer wieder, warum sie es nicht fertig brachte, statt des Handtuchs die Arme um ihre Mutter zu legen. Beide Frauen wissen aber auch, dass es solche Situationen sind, für die sie die professionelle ambulante Pflegekraft, die »von außen« in ihre Beziehung eindringt, besonders dringend brauchen.

»Am Ende war sie gleichzeitig Kind und Mutter, Lehrerin und Schülerin, stark und Hilfe suchend.« In kurzen Augenblicken nimmt die Mutter alle Kraft zusammen, um der Tochter, die 24 Jahre lang vor allem vom Vater lernen wollte, all die Dinge zu sagen, »die ich dir in den nächsten zehn Jahren beibringen könnte«. Es ist eine Art Intensivkurs, was Ellen hier in wenigen Monaten absolviert. Er krempelt nicht ihr ganzes weiteres Leben um, doch er fügt ihm wertvolle neue Facetten hinzu.

»Die Seele des Ganzen« zeigt, was eine Tochter unter günstigen Umständen an persönlicher Bereicherung erfahren kann, während sie ihre sterbenskranke Mutter pflegt. Günstige Umstände: das bedeutet nicht zuletzt, dass Unterstützung von außerhalb der Familie gefunden und angenommen werden kann.

Mutterseelenallein

»Ironischerweise war es nicht der Tod von zwei Freundinnen meines Alters, sondern der Tod meiner Mutter mit dreiundsechzig, der mir endgültig klar machte, dass auch ich schließlich sterben würde.« Von der abstrakten Erkenntnis, über die jeder erwachsene Mensch verfügt, wurde das für die junge Australierin Susan Ardill zu einem Grund für akute Panik – und dafür, nun intensiver und aufrichtiger zu leben. Was der Tod ihrer Mutter für ihr Leben bedeutete, beschreibt die Dokumentarfilmerin unter dem Titel »Lähmung«. Zusammen mit weiteren 30 sehr persönlichen Texten von Frauen aus verschiedenen Berufen und Lebenssituationen ist Ardills Bekenntnis in der Textsammlung »Ich hab' ihr nie gesagt, dass ich sie liebe. Töchter erleben den Tod ihrer Mutter« erschienen, die die englische Fotografin Rosa Ainley herausgegeben hat. Die Frauen, die hier schreiben, sprechen in ganz verschiedenem Ton über ihre Mütter. Es gibt Zeugnisse von Liebe, Hass, Verehrung, Hilflosigkeit, Angst, Distanz, vergeblicher Suche nach Nähe, Neugier auf das Leben der anderen Frau. Es gibt, natürlich, Versuche, mit der Ambivalenz der Gefühle fertig zu werden. Alle Schreiberinnen eint aber, wie Ainley feststellt, das Erschrecken darüber, dass nun, seit die Mutter gestorben ist, »nichts mehr zwischen ihnen und dem Alter stünde, nichts zwischen ihnen und dem eigenen Tod. Es gibt keine letzte Zuflucht mehr, kein Sicherheitsnetz – keine Mutter.« Was dadurch verloren geht, ist überhaupt nicht zu überschätzen. Denn selbst wenn man nicht im Traum daran denken würde, als erwachsene Frau zur Mutter zurückzukehren, in ihr Haus und in ihre Arme zu flüchten: Das Gefühl, dies jederzeit tun zu können, schenkt Sicherheit.

»Wir wohnten der Generalprobe unserer eigenen Beerdigung bei« sagt mit gewohnt schonungsloser Offenheit Simone de Beauvoir in ihrem Buch »Ein sanfter Tod« über die Gefühle, die ihre Schwester und sie bei der Bestattung ihrer Mutter bewegten. Hier spricht eine reife Frau, die den Tod des Vaters, einiger Verwandter und mehrerer Freunde miterlebt hat. Doch der Tod der 78-jährigen Mutter ist für sie und ihre Schwester unfassbar: »Für mich hatte es eine Mutter immer gegeben, und niemals hatte ich im Ernst daran gedacht, dass ich sie eines Tages, und zwar bald, verschwinden sehen würde.« Wie die Geburt, so liegt auch der Tod der Mutter für ihre Kinder in »einer mythischen Zeit«.

Da ist aber auch das Bedürfnis, das eigene Leben weiter mit der Mutter zu teilen. Das empfinden zum Beispiel Frauen, die erst nach dem Tod ihrer Mutter Kinder bekamen. Nicht nur, dass sie Großmutter und Enkel gerne miteinander bekannt gemacht und beiden die neuen Rolle gegönnt hätten. Viele Frauen trauern auch um die Mutter als Ratgeberin. »Meine älteste Tochter ist mir so ähnlich. Wenn ich Schwierigkeiten mit ihr habe, denke ich mir oft: Wie ist meine Mutter eigentlich in so einer Situation mit mir umgegangen? Was hat sie empfunden? Ich würde sie so gerne fragen können!« Susanne, Mutter einer 15-jährigen, hat das Gefühl, sie hätte von der eigenen Mutter viel lernen können, doch die Anlässe für solche Gespräche boten sich in ihrem Leben erst, als es schon zu spät dafür war.

Die innere Mutter

Das heißt allerdings nicht, dass die Gespräche nicht trotzdem geführt würden: Mit der »inneren Mutter«, mit der Figur, die uns nicht verlassen muss und mit der wir oft auch konfrontiert sind, wenn wir uns das nicht wünschen. »Nach ihrem Tod blickte ich immer wieder in den Spiegel, und das Gesicht meiner Mutter starrte mir entgegen« sagt zum Beispiel Zelda Curtis in dem schon genannten Sammelband. Selbst wenn die Mutter eine schöne Frau war, kann eine Komponente des Gefühlswirrwarrs, den ein solcher Blick in den Spiegel auslöst, auch das Erschrecken sein. Denn es geht um mehr als das Aussehen, es geht sogar um mehr als die Macht der Gene, es geht um eine Prägung, die unwiderruflich sein könnte: Bin ich nur ihre Kopie? Kann ich gar nicht anders, als so werden wie sie?

Der Blick auf das Leben der Mutter wird zu einem Blick in die Vergangenheit: »Da ihr Leben geendet hat, kann ich es deutlicher als historische Einheit sehen«, stellt Susan Ardill fest. Die abgeschlossene Biografie einer Frau wird sogar soziologisch interpretierbar: Sie zeigt dann zum Beispiel das Leben einer Frau, die aus einer behüteten Familie stammte, eine standesgemäße Erziehung genoss, einen hoffnungsvollen jungen Mann heiratete, in einer Reihenhaussiedlung mehrere Kinder großzog, in den Meinungen und Vorurteilen ihrer Zeit verhaftet blieb.

Zugleich ist der Blick auf die Mutter allerdings auch ein Blick nach innen: »Meine Mutter sättigt meinen Geist wie eine Hintergrundfarbe, eine Farbe, die ich nicht immer bewusst erkenne.« Das ist dann nicht einfach eine Frau mit all ihren historisch erklärbaren Begrenzungen. Es ist die wichtige Figur, die das gesamte Leben ihres Kindes für immer gewissermaßen imprägniert hat: »Es ist, als trüge ich sie in meinem Körper wie sie mich einst.« Auch Beauvoir bemerkt, dass der Tod der Mutter eine umfassende Bedeutung verleiht. Dieser geliebte Mensch wird »allumfassend wie die Welt, die seine Abwesenheit für ihn zunichte macht und der seine Anwesenheit volles Vorhandensein verlieh«. Selbstvorwürfe, den gerade Verstorbenen zu Lebzeiten nicht genügend geliebt und beachtet zu haben, und ein grundlegendes Gefühl der Schuld, selbst noch auf der Welt zu sein, verstärken diese Fixierung. Von Trennung also keine Spur? »Ich muss ständig darauf achten, dass die Mutter, die in meiner Psyche weiterlebt, mich nicht einengt und meine Fähigkeit beeinträchtigt, so zu leben wie ich will« sagt wiederum Susan Ardill. Simone de Beauvoir bemerkt, dass die Mutter, die in ihr weiterlebt, nicht die Figur aus einer bestimmten Lebensphase ist, nicht die »gute« Mutter der frühen Kindheit, nicht die »feindselige Frau, unter deren Druck meine Jugend stand«. Denn »hinter denen, die diese Welt verlassen, erlischt die Zeit«. Und so lebt in der Tochter beides weiter: Die geliebte und die verwünschte Abhängigkeit, die sorgende und die bestimmende, die »gute« und die »böse« Mutter.

Auch nach dem Tod der Mutter kommen, um in Verena Kasts Bild zu bleiben, also noch Häutungen auf die Tochter zu: Sie muss weiter daran arbeiten, sich selbst herauszuschälen, abzustreifen, was sie daran hindert, wirklich »Ich« zu sagen. Aus der übermächtigen, weil »endgültigen« Person der Mutter muss wieder ein möglichst normaler Mensch werden, eine Vertraute mit Schwächen, eine starke Frau, die man ohne Angst, einen Frevel zu begehen, auch nach ihrem Tod kritisieren darf. Eine andere Autorin des lesenswerten Sammelbands, die Bibliothekarin Barbara James, bringt das auf den Punkt: Sie freut sich, dass sie sich an ihre Mutter so erinnern kann, »wie ich mich mit ihr fühlte, als sie noch lebte: Weder mit einem Heiligenschein, noch im Tod verunglimpft, sondern stark, widerspenstig, fürsorglich, wild und komisch«. Und sie fügt hinzu: »Mehr kann man von einer Mutter wirklich nicht verlangen.«

Und doch gibt es da noch einen Punkt: Eltern sind für ihre Kinder immer auch die ersten wertsetzenden Instanzen. Im Lauf des Lebens müssen sie sich mit den von den Eltern ausdrücklich oder unterschwellig vermittelten Normen auseinander setzen. Die Psychologin Evelyn Bassoff nennt das die »selektive Integration der Werte und der Lebensart der Eltern«. Dabei ist also immer wieder eine Wahl zu treffen: Welchen Charaktereigenschaften will ich nacheifern, von welchen versuche ich mich zu distanzieren? Und diese Auseinandersetzung kann durch den Tod von Mutter oder Vater eher an Brisanz gewinnen, weil nun keine neuen Erlebnisse mit ihnen hinzukommen, sondern nur noch die Interpretation der »alten Geschichten« möglich ist. Bassoff selbst gibt ein Beispiel für selektive Integration: »Ich habe mich für die Geduld meines Vaters entschieden, wenn ich meinen Kindern bei den Hausaufgaben helfe, aber ich habe mich entschieden, ihnen nicht seine perfektionistische Auffassung von Ordnung aufzuerlegen.«

Das klingt ermutigend: Sollte es also möglich sein, die Eigenschaften, Verhaltensweisen und Charakterzüge, die man in sich selbst wieder findet, ein wenig zu sortieren? Die guten ins Töpfchen? Ohne lebenslängliche Auseinandersetzung mit den »inneren Eltern« jedenfalls tritt der Mensch wohl zu gedankenlos in ihre Fußstapfen, um die auf dieser Spur verteilten Fettnäpfchen zu meiden.

***Fazit:* Je älter eine Eltern-Kind-Beziehung wird, desto individueller scheint sie auch zu werden. Eine Gemeinsamkeit jedoch gibt es: In der Generationenfolge an die äußerste Position zu rücken, erschüttert so gut wie jede(n).**

Die Leute von damals – Gabriele Wohmanns »Ausflug mit der Mutter«

»Das Erwachsensein eines Kindes ist eine Verkehrtheit.« Was die Schriftstellerin Gabriele Wohmann mit diesem auf den ersten Blick höchst erstaunlichen Satz meint, erklärt sie in ihrem Buch »Ausflug mit der Mutter« deutlich: Das Verhältnis zwischen Kindern und ihren Erzeugern und ehemaligen Erziehern stimmt nicht mehr, wenn die »bedingungslose Schutzhaft« des Unmündigen entfällt, wenn das Sorgerecht zusammen mit dem alten Spielzeug auf dem Speicher verstaut wird. Was ist eine Mutter, wenn ihr »Kind« es nicht mehr nötig hat, umsorgt zu werden? Welche Rolle können Eltern und Kinder noch füreinander spielen, wenn das ursprüngliche, das prägende Verhältnis wegfällt? »Mit jeder neu anprobierten Haltung verrate ich die Kindheit.«

Die in der Mitte ihres Lebens stehende Frau liebt ihre 73-jährige Mutter, die vor kurzem Witwe wurde und die Gesellschaft ihrer Kinder nun besonders schätzt. Man besucht sich, man isst miteinander, man plaudert, der Schwiegersohn hilft bei der Steuererklärung, die Tochter macht den Abwasch. Doch die Kinder sind keine Kinder mehr. Und »auf Eltern muss man bedingungslos angewiesen sein: vorbei«. Vorbei das selbstverständliche Verhältnis der kleinen Tochter zu ihrer Mutter, die sie versorgt. Die »kindheitsgeschichtlichen Leute von damals« sind es längst nicht mehr, die ihr heute das entscheidende Gefühl der Geborgenheit verschaffen. Heute gehört sie weit mehr zu ihrem Mann. Und sie hat das Gefühl, dass diese Tatsache die eigentliche Schieflage im Verhältnis zu der nun partnerlosen Mutter darstellt. Die Dankbarkeit kommt bestenfalls aus der Erinnerung.

Aber welches neue Verhältnis könnte man zu ihr gewinnen, wenn man den Schutz der Mutter nicht mehr braucht? Geht es nun darum, sie umgekehrt zu bemuttern? Und ist es nicht schon ein Verrat, nun das eigene Haus zu meinen, wenn man vom »Zuhause« spricht, und nicht mehr das Elternhaus, den Kindheitsplatz, der doch so viele Jahre Heimat und Stabilität bot?

Gabriele Wohmann hat sich mit ihrem offensichtlich stark von persönlichen Erfahrungen geprägten Roman »Ausflug mit der Mutter« vorgenommen, diese besondere Beziehung genau in den Blick zu nehmen.

Die Begriffe »Schuld« und »Scham« spielen dabei eine Schlüsselrolle: Wie so viele erwachsene Kinder »beschämt« es sie zum Beispiel, dass sie früher, »im Sicherheitsgefühl meiner Kindheit und in den gedankenlosen Zeiten danach«, den Erzählungen der Eltern über deren eigene »Vorgeschichte« nie aufmerksam zugehört hat. Sie nimmt sich fest vor, das nun, in der Mitte des eigenen Lebens, endlich nachzuholen. Doch wann ist Zeit dazu? Der Terminkalender des berufstätigen Ehepaars ist randvoll, beim Besuch der Mutter, so nett es auch sein mag, schaut man verstohlen auf die Uhr. Beim Abschied beteuert man hastig, wie viel man sich für den Abend noch vorgenommen hat. Sollte man sie nicht mitnehmen auf die Urlaubsreise, in das schöne Hotel in den Bergen? Wo sie doch so gerne mit männlichem Geleitschutz reist, sich in der Gesellschaft des Schwiegersohns so ungezwungen wohl fühlt? »So nah und so erreichbar ist eine Gnade für die Mutter, nur eine Handbreit entfernt liegt sie da herum«; aber das Ehepaar stellt die entscheidende Frage nicht, und die Mutter reist stattdessen mit den unverheirateten Tanten. »Die Vernachlässigung der Mutter durch ihre erwachsenen Kinder ist natürlich und unauffällig.« Sie fällt vor allem deshalb nicht auf, weil die Mutter an ihre Kinder keine Ansprüche stellt, weil sie so bescheiden, liebenswürdig und dankbar ist wie viele Frauen ihrer Generation.

Kurz: »Die Tochter ist reichlich eingedeckt mit Möglichkeiten, sich der Mutter gegenüber schuldig zu fühlen.« Es ist eine seltsame Hilflosigkeit, die die Tochter nach jedem Besuch zum Nach-Denken verurteilt. Schon beim Abschied Schuldgefühle: »Beim Nachwinken hat nun mal die Tochter ein schlechtes Gewissen, und das ist nun mal eine ihrer stärksten Begabungen, sehen wir es doch so.«

Hat das alles mit dem Alter der Mutter zu tun? Sie, die der Tochter früher groß vorkam, wirkt nun klein auf sie, »der Nacken ist so dünn, das alles ist ein Körper, ist sterblich«. Dabei war die Tochter immer, solange sie denken kann, von der Gewissheit beseelt, dass ihre Eltern, genau wie sie selbst, unsterblich seien. Die Mutter nun unter dem allgemeinen Gesetz der Hinfälligkeit zu sehen, ist für die Jüngere, gleichwohl selbst nicht mehr ganz Junge, schmerzhaft. Die Zerbrechlichkeit, die als Vorbote der Gebrechlichkeit erscheint, weckt Liebe und Zärtlichkeit: »Auf einmal habe ich sie gern, wie ungefähr ein Vater sein Kind gern hat.«

Die Rollen geraten ins Wanken. Um sich doch wieder wie das Kind zu fühlen, bittet die Tochter um das ein oder andere Erbstück, einen Sessel oder eine Gesamtausgabe. Denn wenn die Mutter die Gebende ist, stellt sich für kurze Zeit das alte, beruhigende, »richtige« Gefühl wieder her.

Was Gabriele Wohmann hier darstellt, ist ein völlig undramatisches, geradezu harmonisches Verhältnis zwischen Mutter und Tochter. Zwar trauert die Mutter um ihren geliebten Mann, doch er starb im Alter und offensichtlich nicht unter großen Qualen. Die alte Dame hat ein heiteres Temperament, lebt in der Nähe ihrer Kinder und ihrer Schwestern, interessiert sich für vieles und lebt in materieller Sicherheit und relativer Gesundheit. Tochter und Mutter telefonieren täglich zweimal zu festgesetzten Zeiten, die Mutter mag den Schwiegersohn und freut sich über die Beziehung. Die Gewissensbisse, Skrupel und Bedenken der Tochter erscheinen mir dennoch als typisch: Solange die Eltern als Paar lebten, herrschte gewissermaßen Gleichheit der Verhältnisse: das Kind hatte sich zwar von den Eltern gelöst, um eine eigene Intimität mit dem Ehemann aufzubauen. Aber die Eltern hatten ja sich, sie waren zu zweit. Der Tod des Vaters beraubt die Mutter ihres Vertrauten und verweist die Tochter auf alte »Anrechte« der Frau, die so viel für sie getan hat. Doch worauf kann man zurückgreifen, um solchen Bedürfnissen Genüge zu tun? Früher, zur Zeit ihrer selbstverständlichen Nähe, war das Verhältnis von der Schwäche und Abhängigkeit der Tochter geprägt., die es nun einfach nicht mehr gibt. Zugleich hat der Tod des Vaters der Tochter drastisch vor Augen geführt, dass auch Eltern sterblich sind. Das verstärkt ihre Ansprüche an sich selbst, was die Beziehung zur überlebenden Mutter betrifft: Niemand weiß, wie viel Zeit ihnen bleiben wird. Jedes Treffen wird deshalb argwöhnisch daraufhin untersucht, ob es auch gut und »gelungen« war. Unbeholfene, fast linkische Versuche, sich die gegenseitige Liebe zu zeigen und höfliche Beteuerungen der Dankbarkeit nach den Treffen sind das Ergebnis.

Gabriele Wohmanns teilweise quälende Gewissenserforschung, ihr Gefühl, nie genug zu tun, ihrer Liebe nie eine angemessene Form geben zu können, könnten übersteigert erscheinen. Befreiend ist aber, dass diese Tochter sich nicht mit einfachen Patentlösungen zufrieden gibt: Sicher, die Mutter muss »selbstständiger werden«, sie sollte allein reisen, ins Theater gehen, Kontakte pflegen, das Leben genießen. All das versucht sie auch ohne Ermahnungen der

Kinder allmählich in die Tat umzusetzen. Es bleibt aber die große Trauer um den geliebten Menschen, den sie verloren hat und dem sie über Jahrzehnte wirklich nahe stand. Es bleibt die Tatsache, dass es die Kinder sind, die sie mit diesem Mann gezeugt hat, denen sie nun, im letzten Abschnitt ihres Lebens, am nächsten steht. Und die weitere Tatsache, dass diese längst erwachsenen Kinder trotz aller Nähe, die auch sie empfinden, sich ihr eigenes Leben an anderen Orten, mit anderen nächsten Menschen, eingerichtet haben.

Und genau das ist es, was »Schuldgefühle« erzeugt. Oder, falls das ein zu großes Wort sein sollte: was ein Unbehagen entstehen lässt. Ich bin fest davon überzeugt, dass es möglich (und meist auch sinnvoll) ist, solche Gefühle über Bord zu werfen, wenn man sie als gerade erwachsen gewordener Mensch gegenüber Eltern im mittleren Lebensalter empfinden sollte: Gegenüber Müttern und Väter, die gesund und tatkräftig sind, im Beruf stehen und womöglich sogar als Paar leben. Im Verhältnis zu alten, alleinlebenden Eltern – rein statistisch gesehen also heute wahrscheinlich gegenüber verwitweten Müttern – sieht die Sache allerdings ganz anders aus.

Ich muss mich selber erziehen.
NORA, IN HENRIK IBSENS GLEICHNAMIGEM THEATERSTÜCK

Es ist erschreckend, wenn eine Frau schließlich erkennt, dass es keine andere Antwort auf die Frage »Wer bin ich?« gibt als die innere Stimme.
BETTY FRIEDAN

Spieglein, Spieglein ... – Ähnlichkeit und Rivalität

»Hätt ich doch ein Kind so weiß wie Schnee, so roth wie Blut und so schwarz wie dieser Rahmen.« Der sehnliche Wunsch der Märchenkönigin wird erfüllt: Sie nennt das wunderschöne Mädchen, das bald darauf geboren wird, wie wir alle wissen, Schneewittchen. Weniger bekannt ist, dass ein wichtiges Element des Märchens sich in der Urfassung der Gebrüder Grimm noch nicht findet: »Und wie das Kind geboren war, starb die Königin. Über ein Jahr nahm sich der König eine andere Gemahlin.« In der ersten Fassung des Märchens ist es stattdessen die leibliche Mutter, die mit Schneewittchen konkurriert. Sie bleibt am Leben – und kann es nicht ertragen, dass der »objektive« Spiegel die Schönheit der Heranwachsenden noch über die eigene setzt. Sie ist außer sich vor Eifersucht auf die eigene Tochter. Dabei war sie es doch, die sich ein so schönes Kind sehnlichst wünschte.

Die Stiefmutter als Sündenbock

Natürlich ist eine solche dramatische Eifersuchtsgeschichte leichter zu verdauen, wenn eine böse Stiefmutter von Neid zerfressen wird. Doch vielleicht sagt uns gerade deshalb die erste

Version der Geschichte mehr über uns selbst. Über die Gefahren, die für die Beziehung zwischen Mutter und Tochter entstehen, wenn das schöne Kind, der Stolz der jungen Mutter, das schmückende Accessoire der Frau, die sich ihrer eigenen Reize bewusst ist, genau in dem Moment seinerseits zur attraktiven jungen Frau heranwächst, in dem die Mutter sich dem Problem des Alterns und des Nachlassens der eigenen Reize stellt. Die Urfassung zeigt, dass die Liebe, die eine Mutter für ihre Tochter empfindet, allein keinen zuverlässigen Schutz gegen die Eifersucht darstellt.

Man muss sich allerdings natürlich fragen, ob es »Liebe« ist und nicht eher Narzissmus, wenn eine Frau sich ganz bewusst ein besonders schönes Kind wünscht, mit dem sie sich vielleicht selbst schmücken will. Eine solche Tochter wird leicht zum bloßen Accessoire der schönen Mutter degradiert. Und man kann glücklicherweise davon ausgehen, dass im »wirklichen Leben« keine Mutter das Kind einem Jäger anvertrauen wird, der es im Wald umbringen soll. Doch diese Betrachtungen schützen nur unzureichend vor der Wucht der Erkenntnis, dass es zerstörerische Rivalität zwischen zwei Frauen geben kann, die sich gleichzeitig als Mutter und Tochter eng verbunden sind. Eugen Drewermannn hat in seiner bewundernswert hellsichtigen Deutung von »Schneewittchen« darauf hingewiesen, dass der Versuch sich ausgesprochen lohnt, die Seelenlage der »bösen« Mutter (oder Stiefmutter) zu verstehen: »Was soll man von einer Frau halten«, so seine Ausgangsfrage, die sich immer wieder vor den Spiegel stellt und »sich kritisch prüft, ob ihr künstliches Konterfei ihr sagt, was zu hören sie wünscht«, nämlich, dass sie die Schönste im ganzen Lande sei? Drewermann deutet den Wunsch nicht einfach als Narzissmus oder übertriebene Eitelkeit, sondern als eine »tiefinnere Sehnsucht nach Einmaligkeit«. Diese Sehnsucht aber könne man nur verstehen »auf dem Hintergrund eines tiefen Minderwertigkeitsgefühls«. Nicht ihr Erleben ist für diese Frau wichtig, sondern ihre »unmittelbare weibliche Ausstrahlung«. Und nur sie gibt ihr eine Existenzberechtigung. Es ist, als sage sie sich jeden Morgen vor dem Spiegel: »Ich bin schön, also bin ich«, oder sogar, pointierter noch: »Ich bin die Schönste, also bin ich!« Die Frau, die Drewermann hier beschreibt, ähnelt auffallend der von der Psychoanalytikerin Christiane Olivier in »Jokastes Kinder« dargestellten Mutter, die ihr weibliches Selbstbewusstsein zeitlebens mit der Maxime sicherte: »Ich gefalle, also bin ich.« Wie wir im zweiten Teil sahen, gibt sie dieses auf äußerst schwachen Füßen stehende Selbstverständnis durch zu wenig lustbetonte Betreuung vielleicht sogar an ihre Tochter weiter.

Dass die Tochter, die als Kind noch »beherrschbar« war und als verlängerter Arm der Mutter deren Reiz noch erhöhte, als jugendliche Konkurrentin später für die reifere Frau existenzbedrohend wird, ist jetzt verständlich: Sie nimmt der Mutter schließlich das feste Fundament, auf dem ihr Selbstbewusstsein ruhte. Eine Frau muss in dieser Lage nicht »böse« sein, um sich ihrer Haut zu wehren. Doch sie und ihre Tochter brauchen Hilfe, damit bei diesem Versuch nicht beide zu Grunde gehen.

Zeit der Reife, Zeit für die Reifung

Da trifft es sich gut, dass das Märchen auch Andeutungen enthält, die hierfür eine Richtung weisen. Die Geschichte von Schneewittchen ist, wie alle Mythen, die die Menschen über Generationen fesseln, reich an Weisheiten, die für das eigene Leben nutzbar gemacht werden können. Deshalb enthält sie auch weitere Elemente, die in Sachen Mutter-Tochter-Beziehung weiterhelfen können: Da ist der todesähnliche Schlaf, in den das schöne Mädchen in seinem gläsernen Sarg fällt. Es braucht – wie Dornröschen – eine Art Auszeit, in der es noch nicht von den Anforderungen des Erwachsenenlebens bedrängt wird. Schon bei den Sieben Zwergen, offensichtlich geschlechtslosen Wesen, hatte es diese Ruhephase genossen: »Sie hatten große Freude an ihm, weckten es auch nicht auf und ließen es in dem Bettlein liegen.« Zwar übt es sich hier probeweise in der Führung eines »kleinen« Haushalts – Märchen waren noch nie Vorreiter in Sachen Gleichstellung der Geschlechter -, doch muss es in erotischer Hinsicht die Frauenrolle nicht vorschnell übernehmen. Erst nach dem todesähnlichen Schlaf, in den das Gift der Mutter sie versetzte, kann es sich dem schönen Königssohn von sich aus zuwenden.

Auch wenn es so scheinen mag, als sei das erblühende junge Mädchen schon eine »fertige« Frau: Es braucht Zeit für die ganz persönliche Reifung. Ihr Gefühlshaushalt und ihr Intellekt müssen den Vorsprung aufholen, den die Hormone vielleicht dem Körper verschafft haben. Wenn die Mutter nur den sich entwickelnden Körper sieht, dessen Straffheit sie vielleicht mit Neid erfüllt, reagiert sie selbst nicht als Erwachsene. Und das heißt: Nicht als die Person, die die Tochter jetzt am dringendsten braucht.

Wenn sie dagegen die Überlegenheit erkennt, die sie als reife Frau der Tochter gegenüber hat, hat das für beide ganz entscheidende Vorteile: Die Mutter muss sich nicht von Eifersucht zerfressen lassen. Sie kämpft nicht den für sie auf die Dauer ohnehin aussichtslosen Kampf auf dem Feld körperlicher Frische. Sie sieht sich selbst nicht – oder wenigstens nicht ausschließlich – als Objekt mit schwindendem Marktwert. Vom Urteil derjenigen Männer, die Frauen vorwiegend als Lebensmittel mit Verfallsdatum ansehen, hat sie sich weit gehend emanzipiert. Sie weiß, dass sie sich auf ihre reiche Erfahrung stützen kann, wenn sie der Tochter den Spielraum zur Reifung und sich selbst den nötigen Abstand zu deren Frauenleben erkämpft.

Die unsichere Tochter

Im Bewusstsein dieses eigenen Vorsprungs kann sie auch erkennen, dass nicht nur sie selbst, die vom Altern bedrohte Mutter, sondern auch Schneewittchen, das blühende Kind, Grund zur Eifersucht hat. Als reife Frau hat die Mutter ihren Stil längst gefunden: Sie weiß, was ihren »Typ« besonders vorteilhaft betont. Sie kann sich selbstbewusst bewegen. Und sicher hat sie auch körperliche Reize, um die die Tochter sie beneidet. Ich kenne jedenfalls Frauen, die vor lauter Gram über die ersten grauen Haare ganz übersehen, dass das junge Mädchen an ihrer Seite seine Zahnspange verflucht. Mädchen, die sich vor dem Spiegel besehen und stöhnen: »Hätte Mama mir doch ihre Beine vererbt!«

Und auch für die Tochter ist es schwer, sich die Rivalität einzugestehen, da sie ja ausgerechnet die Person betrifft, der sie am meisten verdankt: »Ob wir nun kleine Mädchen oder erwachsene Frauen sind, unsere größte Quelle der Liebe ist ein und dieselbe wie unsere stärkste Konkurrenz. Wie sollen wir da nicht verwirrt sein?«, fragt Nancy Friday mit Recht.

Mit einem Spiegel allein wird es keiner von beiden gelingen, diesen verwirrenden Gefühlen zu entkommen. Wichtig ist zunächst die Einsicht, dass es diese Art Konkurrenz mit der eigenen Tochter – und mit der eigenen Mutter – überhaupt gibt. Und geben darf. Wichtig ist, sich diese – vielleicht im speziellen Fall nur klitzekleine – Eifersucht selbst einzugestehen.

Was in »Schneewittchen« ausgeblendet bleibt: Töchter anerkannt schöner Mütter haben oft bis ins eigene Alter hinein Probleme mit der Konkurrenz. Manche fühlen sich als unerlöstes Aschenputtel innerhalb der eigenen Familie. Manche stehen unter ständigem Druck, mehr für das eigene Aussehen zu tun.

Oft gegen den eigenen Geschmack, die eigene Überzeugung: Die fünfzigjährige Regine färbt sich seit Jahren die Haare, um das zunehmende Grau zu überdecken. Dabei gefällt ihr der sportliche, graue Kurzhaarschnitt eines junggebliebenen Models, das eine Kosmetikfirma in einer Werbekampagne für eine Pflegeserie »für die reife Haut« einsetzt. Doch sie kann sich noch nicht dazu durchringen, ihr Grau selbstbewusst zu tragen. »Meine Mutter ist 78 und eine äußerst elegante Erscheinung. Sie lässt sich immer noch blondieren. Ich kann doch nicht vor ihr aufgeben.« Und nicht wenige junge Mädchen führen heute mit den Müttern – oft, ohne dass diese es bemerken würden – auch einen »edlen« Wettstreit um die schlanke Linie. Die Kilo-Konkurrenz kann schnurstracks in die Magersucht führen.

Prinzenrolle, Königsrolle

Aber wo ist eigentlich die ganze Zeit der König, welche Beziehung hat er zu Frau und Tochter? Warum tritt er nicht einmal als trauernder Witwer in Erscheinung, als seine Frau sich längst in glühenden Pantoffeln zu Tode getanzt hat, ohne doch innerlich auch nur einen Schritt vorwärts zu kommen? Viele der Funktionen, die früher ganz allein den Vätern vorbehalten zu sein schienen, werden heute von Frauen übernommen: Vorbilder für berufliche Karrieren, für die Übernahme von Macht und Einfluss in Wirtschaft, Kultur und Politik können Mädchen längst bei ihren Geschlechtsgenossinnen finden. Mädchen müssen heute keine ausgesprochenen »Vater-Töchter« mehr sein, um Ehrgeiz zu entwickeln und beruflichen Erfolg in ihren Lebensplan zu integrieren.

Aber wenn es darum geht, sich in den Augen von Angehörigen des anderen Geschlechts zu spiegeln, sind Väter für ihre Töchter (wie Mütter für ihre Söhne) ausgesprochen wichtige Instanzen. Und wenn es auch für viele Väter nicht leicht ist, der Weiblichkeit ihrer heranwachsenden Töchter genau die richtige Art und Dosierung von Interesse entgegenzubringen: Für die Mädchen ist es wichtig, dass sie sich der Aufgabe stellen.

Aber hat die Königin denn auch keine Schwestern, hat sie keine Freundinnen und wohlmeinenden Beraterinnen, die dem Spiegel seine unangefochtene Vorherrschaft entreißen könnten? Hat sie keine Aufgaben bei Hof, die sie von der Selbstbespiegelung ablenken könnten? Bei genauerer Betrachtung will es so scheinen, als sei eigentlich sie es, die mutterseelenallein auf der Welt ist. Der absolute Maßstab, das lebensfeindliche

Entweder-Oder des Schönheits-Wettkampfs ist Ausdruck ihrer Einsamkeit: Sie muss sie alle anderen ausstechen, um sich zu spüren. Weil sie den Wettstreit auf einen Punkt reduziert, muss sie um jeden Preis auf diesem Feld gewinnen.

»Vielleicht besteht das größte Geschenk, das eine Frau ihrer Tochter machen kann, darin, sorgsam auf ihr eigenes Leben zu achten«, so sagt die Psychologin Evelyn Bassoff. Was auf den ersten Blick paradox anmuten mag, ist ausgesprochen logisch: Eine Frau, die ihre Talente umfassend entwickelt, wird eine »ganze Frau« und braucht ihre Tochter nicht als Ergänzung des eigenen Selbst. Sie ist auf den ständigen Vergleich nicht angewiesen. Natürlich räumt sie ihn dadurch nicht aus dem Weg. Sie braucht ihn allerdings auch nicht zu scheuen.

»In der Pubertät stößt die Tochter die Mutter vom Thron« sagt Evelyn Bassoff. Man kann an der Absolutheit dieser Aussage zweifeln. Als Stoßseufzer einer Mutter ist sie allerdings nur allzu verständlich: Der körperlichen Präsenz eines aufblühenden und der permanenten Kritik eines mit allen Wassern gewaschenen jungen Mädchens ausgesetzt zu sein, kann schließlich mürbe machen. Aber selbst wenn der Satz stimmen sollte: Ist der Thron überhaupt der bevorzugte Aufenthaltsort einer modernen, kooperativen Frau? Und könnte es nicht auch als befreiend empfunden werden, wenn der Muttertags-Spruch »Mama ist die Allerbeste« (wahlweise: Klügste, Schönste), der den kritischeren Vertreterinnen der Spezies ohnehin nie recht geheuer war, endlich seine Schuldigkeit getan hat?

Hilfe, bin ich denn wie sie?

Aber woher kommt die Kraft zu dieser Revolte der Töchter? Alles wollen sie werden, nur nicht wie SIE. Wie ist das zu erklären?

»Nichts und niemand ist intoleranter als das Mädchen von vierzehn oder fünfzehn Jahren, was das physische Aussehen und die Kleidung angeht! Hier bricht sichtbar die Opposition gegen die Mutter aus, denn ihre Tochter will eine Frau sein, aber nicht wie die Mutter, auf keinen Fall!« Nicht ohne Grund stellt die Psychoanalytikerin Christiane Olivier diesen Tatbestand unter Zuhilfenahme mehrerer Ausrufezeichen dar. Sie interpretiert diese Ablehnung des mütterlichen Vorbilds als eine Art Revanche der Tochter: Jahrelang lebte die Mutter ihr die weibliche Rolle in Perfektion vor. Und vor allem: Jahrelang musste die Tochter sich damit abfinden, dass das Urmodell des Mannes, der Vater, der Mutter gehörte. Nun hat die »Stunde der Abrechnung« geschlagen, nun gibt die Jüngere den Ton an: »Den Krieg, den die Mutter mit ihrer kleinen Tochter geführt hat, ohne es zu wissen, wird diese ihr heimzahlen, wenn sie eine Heranwachsende geworden ist.« In einer Gesellschaft, die die Jugend vergöttert und das Altern zum »Schreckgespenst in den Augen der Frauen« macht, wird diese Revanche der Heranwachsenden nach Oliviers Ansicht leicht gemacht.

Doch die Revolte hat auch Motive, die nicht mit Fragen des Aussehens zu tun haben, sondern ein verändertes Lebensgefühl und den Kampf um seine Durchsetzung betreffen: Nicht spießig, kleinlich, altmodisch zu werden war eine Hauptbesorgnis der 68er Generation. Sich nicht auf den Lorbeeren der Studentenrevolution auszuruhen und keinesfalls lebenslänglich die Wonnen des Konsumverzichts und des kämpferischen Feminismus zu preisen wie ihre Mütter, sondern stattdessen ganz selbstverständlich ihre Erfolge in allen Lebensbereichen zu genießen, ist dagegen erklärtes Ziel vieler Töchter dieser Mütter, also vieler junger Frauen, die heute Anfang bis Mitte 20 sind. Der gemeinsame Nenner: Die Ideale der Mütter erscheinen als nicht zeitgemäß. Ich habe eine Freundin, die alles werden wollte, nur nicht »Hausfrau« wie ihre Mutter. Sie ist engagierte Lehrerin und Mutter von drei erwachsenen Kindern. Ihren Haushalt machte sie schon immer »mit links«, aber auch nicht ohne Verachtung. Genau das wirft ihr ihre erwachsene Tochter inzwischen vor: »Warum sprichst du eigentlich so abfällig über Arbeiten, die für unser Leben so wichtig sind?« Diese Tochter wird vielleicht das Kochen zur echten Leidenschaft entwickeln. Es ist für sie nicht Ausdruck einer tradierten Frauenrolle, sondern wird auch von ihren männlichen Freunden gepflegt – und gehört ganz einfach zum Leben.

Schneewittchen, das in einer traditionellen Gesellschaft lebte, hat Meinungsverschiedenheiten und Konflikte dieser Art nie kennen gelernt. Wäre seine Mutter/Stiefmutter nur ein wenig netter gewesen, hätte die Harmonie vollkommen sein können: Die Königin hätte sie in die Gesellschaft eingeführt, ihr wichtige weibliche Fertigkeiten übermittelt, sie zu Wohltätigkeit angehalten, einen guten Gatten für sie gesucht. Sie hätte ihre Tochter auf das Leben in einer Gesellschaft vorbereitet, die sich auch für die Lebensspanne der Jüngeren unverändert erhalten würde. Dass Töchter sich heute nicht voll und ganz auf die Erfahrungen ihrer Mütter stützen können, wenn sie die vielfältigen Anforderungen *ihres* Lebens bestehen wollen, ist einer der Preise, den beide für die aktuelle Vielfalt möglicher Lebensentwürfe bezahlen. Mir persönlich kommt er nicht zu hoch vor!

»Ich will ihr doch gefallen!«

Kompliziert wird die Sache aber dadurch, dass es beiden »Parteien« deshalb längst noch nicht gleichgültig geworden ist, ob sie für ihre Handlungen, ihr Aussehen und ihre Pläne den mütterlichen oder töchterlichen Beifall finden. Das bedeutet nicht, dass sie sich nach den Maßstäben der anderen wirklich richten. Denn ihre eigenen Bedürfnisse und Überzeugungen sprechen oft genug dagegen, und es gibt schließlich noch andere wichtige Bezugspersonen.

Aber oft haben besonders die Töchter gegen einen starken inneren Widerstand zu kämpfen, wenn sie den Maßstäben dieser wichtigen Kritikerin entgegen handeln. Es ist so, als liefen sie dann mit Blei in den Turnschuhen und gegen den Wind.

Die 19-jährige Abiturientin Zoé sagt:

»Was mich am meisten stört bei der Abnabelung von meiner Mutter, ist, dass ich von ihrem Urteil abhängig bin. Es ist mir so wichtig, dass sie das, was ich mache, für gut befindet. Dabei mache ich ja meine eigenen Sachen und gehe meinen eigenen Weg: ich mache mein Abitur, arbeite, habe viele Freunde und komme insgesamt ganz gut klar. An sich müsste das Urteil meiner Mutter also nicht mehr so relevant sein. Und ich versuche auch, mich immer mehr davon zu distanzieren. Doch wenn sie nicht zufrieden ist oder etwas an mir auszusetzen hat, dann trifft mich das, wie kein anderer Mensch mich treffen könnte. Ich kann ihr nichts recht machen. Und von jedem kleinen Spruch, den ich in den Raum werfe und der ihre Person betrifft, ist sie total abhängig, nimmt ihn auf und sieht das als Kritik. Sie ist genauso von meinem Urteil abhängig wie ich von ihrem.

Ich brauche diese Bestätigung, Ich muss ihr beweisen, dass ich ein fähiger Mensch geworden bin. Und auch für sie ist es wohl wichtig, dass sie Erfolg mit ihrer Erziehung hat. Wir sind uns sehr ähnlich, ähnlicher als sie und meine Schwester. Außerdem ist es sicher wichtig, dass ich die älteste Tochter bin. Meine Schwester kommt mit vielen Problemen zuerst zu mir. Über Verhütung würde sie sicher nicht mit meiner Mutter sprechen. Aber meine Mutter und ich sind sehr aufeinander fixiert, waren lange nur zu zweit und können uns deshalb viel eher weh tun.

Ich sehe vieles an ihr kritisch. Was mich an meiner Mutter stört, ist zum Beispiel, dass sie immer wieder mit alten Geschichten kommt, die längst nicht mehr zu meinem Leben gehören. Irgendwelche Dummheiten aus der Pubertät. In letzter Zeit finde ich meine Mutter manchmal kindisch und hysterisch. Es ist nicht so, dass ich ihre kleinen Macken nicht erkennen würde. Und ich kann auch viele Dinge durchsetzen, die mir wichtig sind. Ich weiß, dass in manchen Punkten die Zeit über ihre Maßstäbe hinweg gegangen ist: Sie versteht zum Beispiel nicht, warum ich mir so viele Gedanken über meinen späteren Beruf mache, wo ich doch ›bei meinen Talenten sicher et-

was finden‹ werde. Aber ich weiß, dass ich das heute tun muss und dass andere Eltern, zum Beispiel die meiner Freunde, sich darüber richtig freuen würden. Aber damit kann ich umgehen. Nur Urteile, die meine Person betreffen, nehme ich immer noch nicht so ohne weiteres hin, die gehen mir nah.

Natürlich möchte ich das ändern, sobald es geht: Ich würde gerne woanders wohnen, in einer anderen Stadt, und zum Beispiel einmal im Monat zum Essen kommen. Unsere Beziehung, wie sie im Moment ist, verbraucht entschieden zu viele Energien.«

In dieser Einschätzung trifft Zoé sich, ohne das zu wissen, mit der Analyse der drei amerikanischen Feministinnen Elizabeth Debold, Idelisse Malavé und Marie Wilson, die in ihrem Buch »Die Mutter-Tochter-Revolution« bedauern: »Viele Frauen vergeuden leider ihre Zeit damit, entweder auf keinen Fall wie ihre Mütter werden zu wollen oder das Lebensmuster ihrer Mutter zu wiederholen.« Die Frage ist nur: Wo beginnt die Vergeudung? Oder anders: Wie weit muss die berechtigte Auseinandersetzung mit dem mütterlichen Lebensmuster gehen? Ab wann beginnt die Tochter dabei, sich im Kreis zu drehen? Patentrezepte scheinen mir auch in dieser Frage nicht zu existieren. Doch eines ist sicher: Jedes in dieser Hinsicht brauchbare Rezept enthält eine Zutat, und das sind andere Frauen, andere Menschen, andere Spiegel. Es kommt der Punkt, an dem die beste Mutter und die beste Tochter sich als Maßstab nicht genügen.

***Fazit:* Wenn Mütter und Töchter sich zu sehr vergleichen, kann das zur fruchtlosesten Fixierung auf Erden ausarten.**

Ganz die Mama?
Effi Briest: Kind, Frau, Mutter, Kind

»Sie hatte es nicht sein können, nun war es statt ihrer die Tochter – alles in allem ebenso gut oder vielleicht noch besser.« So denkt die 38-jährige Landadlige Luise von Briest. Bald wird sie ihre 17-jährige Tochter Effi mit Baron Geerd von Innstetten verheiraten. Der Landrat liebte einst sie, war damals aber noch zu jung und ohne die für eine standesgemäße Verbindung nötige berufliche Position. Nun hat er um die Hand der Tochter angehalten. Effi trennt sich also von den Eltern, der Schaukel und den kichernden Freundinnen, um die Ehe mit einem gebildeten und stattlichen »Mann in den besten Jahren« einzugehen, der vom Alter her zur Not ihr Vater sein könnte.

Die Lösung vom Elternhaus kommt früh, und das Heimweh plagt die junge Ehefrau, die ihrem Mann vom Havelland nach Hinterpommern folgt. Ganz ungewöhnlich ist die frühe Eheschließung zu dieser Zeit allerdings nicht. Und ein anderer Weg, sich von den Eltern zu lösen, war Ende des 19. Jahrhunderts für höhere Töchter kaum vorgesehen.

Wenn heute von Theodor Fontanes berühmtem, 1895 erschienenem Roman »Effi Briest« die Rede ist, geht es meistens um das Problem des Duells und der preußischen Pflicht- und Ehrauffassung: Schließlich wird in dieser Geschichte, die auf einem wirklichen Vorfall beruht, ein leichtfertiger Schürzenjäger wegen einer längst »verjährten« Liebschaft vom betrogenen Ehemann erschossen. Dabei hatte die junge Frau ihn nicht einmal geliebt, sondern nur Trost und Zärtlichkeit bei einem Mann gesucht, der nicht so streng und unnahbar war wie ihr Gatte. Effi von Innstetten geborene Briest aber, die schuldige Ehefrau,

muss sich von dem siegreichen Duellanten Innstetten und ihrer kleinen Tochter trennen und stirbt letztlich an den Folgen der gesellschaftlichen Ächtung.
Doch das ist nur der spektakuläre »Plot« des Romans. Fontanes Werk ist vielschichtig, und mindestens eine der Fragen, die es aufwirft, zielt genau ins Zentrum unseres Themas: Kann eine Tochter glücklich werden, wenn sie die Mädchenträume ihrer Mutter realisiert?

Kein Zweifel: Effi bewundert ihre Mutter. Die große, »immer noch schöne«, schlanke Erscheinung. Die Dame, die in jeder Gesellschaft den richtigen Ton trifft und in jedem Augenblick genau weiß, was sich gehört. Die Frau, von der Effis Vater sagt, dass sie eigentlich besser zu dem ehrgeizigen, prinzipientreuen Preußen Innstetten passe als die Tochter. Wenn alte Bekannte bewundernd ausrufen »Ganz die Mama!«, so erfüllt das das junge Mädchen mit Stolz. Das übermütige Kind, das uns zu Beginn des Romans im Matrosenkragen vorgestellt wird, ist für jeden Schabernack zu haben. Es ist reizend, temperamentvoll und ein ganz klein wenig eitel. Aber es ist noch keine Frau. Dieses Mädchen hatte noch überhaupt keine Zeit und keinen Anlass, sich von der Mutter abzugrenzen, da musste es das Elternhaus schon verlassen, um selbst einen Hausstand zu gründen.

»Ich bin ein Kind und werde es wohl auch bleiben«, sagt die frisch Vermählte noch kurz nach der Hochzeitsreise. Der Ehemann findet das charmant. Wenige Monate später kündigt sich jedoch schon etwas an, was der Gatte als »süßes Spielzeug« apostrophiert: Effi ist schwanger.

»Schade, dass es ein Mädchen ist,« sagt der alte Hausarzt nach der Entbindung. Großmutter, Mutter und Kind: Schon bald zeigt sich die Ähnlichkeit der dunkelhaarigen Annie zu Mutter und Großmutter. »Ganz die Mama«, sagen wieder manche alten Bekannten.

Betrachtet man die tragische Geschichte von Effi Briest unter dem Blickwinkel der Mutter-Tochter-Beziehungen, dann drängt sich plötzlich ein Eindruck auf, den die Interpreten bisher eher vernachlässigten: Sicher ist Baron Geerd von Innstetten ein Verfechter unbeugsamer Prinzipien. Er hätte auf das Duell verzichten können, das ihn selbst zeitlebens unglücklich machte. Er hätte seiner Frau die nachweislich verjährte Liebesbeziehung verzeihen können. Er hätte sich nach seiner eigenen Schuld fragen müssen. Er hätte ihr den Kontakt zum gemeinsamen Kind nicht so schwer zu machen brauchen, den er Effi nur widerwillig gewährte, als die Gattin des Ministers ein gutes Wort für sie einlegte. Aber – ein großes Aber: Warum wird Effi eigentlich nie wütend auf ihre Mutter, die sie so jung mit einem Mann verheiratete, dessen Steifheit und Charakterstärke sie doch kannte? Warum, vor allem, wurde sie nie wütend auf eine Mutter, die sich weigert, sie nach dem Bekanntwerden des »Sündenfalls« jemals wieder zu Hause aufzunehmen? Die der drohenden gesellschaftlichen Ächtung mehr Bedeutung beimisst als der Liebe zur eigenen Tochter? Die sich erst dazu entschließt, Effi in Gnaden zu Hause aufzunehmen, als der Berliner Hausarzt der Tochter in Sorge über die Gesundheit der jungen Frau darauf drängt und der weichere Vater ein gutes Wort für sie einlegt?

Effi fühlt sich ganz einseitig in der Schuld der Eltern und idealisiert ihre Kindheit auf dem Land. Der Wunsch der Eltern hat sie der Kindheit entrissen. Dennoch wird sie nicht müde, sich für den Fehltritt zu entschuldigen, zu dem Unreife und Heimweh nicht wenig beitrugen. Ehebruch und Krankheit führen sie wieder zurück zum Ort ihrer Sehnsucht.

Aggressive Gefühle lässt Effi während der ganzen Romanhandlung nur in zwei kurzen Augenblicken erkennen –

und nur gegenüber dem Mann: Als sie argwöhnt, dass ihr Mann sich als ihr Erzieher fühlt und sie mit Spukgeschichten moralisch bei der Stange halten will. Und als sie erkennt, dass ihr Exmann die Tochter gegen sie einnimmt und systematisch zur Mutter auf Distanz hält. Bei den Eltern dagegen entschuldigt sich die junge Frau nur dafür, dass sie ihnen Ärger gemacht habe. Still, sanft und resigniert stirbt die noch nicht 30-jährige im Haus ihrer Kindheit.

Die Zeiten habe sich seither gründlichst geändert. Keine Geschiedene muss heute die endgültige Ächtung der Gesellschaft fürchten. Kaum eine 17-Jährige wird den Jugendverehrer ihrer Mutter heiraten. Mit das Schönste an einem 100 Jahre alten Roman wie »Effi Briest« scheint mir aber zu sein: Eine Mutter, die ihn gelesen hat, muss sich einfach über jede Auseinandersetzung, ja sogar über jeden deftigen Streit mit ihrer Tochter freuen. Besser, die Fetzen fliegen, als dass eine junge Frau depressiv wird, weil sie den Vorstellungen nicht entsprechen kann, die ihre bewunderte Mutter für ihr Leben hat. Besser, die Tochter erklärt die Mutter für zurückgeblieben und altmodisch, als dass sie vor Kummer vergeht, weil sie es nicht geschafft hat, sich den unangefochtenen Regeln der »Gesellschaft« zu fügen. Besser also, sie führt ihr eigenes Leben, statt dasjenige Leben, das die Mutter gerne geführt hätte, stellvertretend – und schlechter!- als Erfüllungsgehilfin unerfüllt zu leben. Kinder sind nicht dazu auf der Welt, um die Träume der Eltern zu realisieren! Töchter können in der Rolle ihrer Mütter nur schlechter sein als das Original.

Effi hat nicht die Chance, zu dieser Einsicht vorzudringen. Ihre Hilflosigkeit bei dem schrecklichen, verkrampftsteifen Besuch, den ihr nach der Scheidung die zehnjährige Tochter Annie macht, ist auch für Leserin und Leser quälend. »O gewiss, wenn ich darf«, sagt das höflich-distanzierte Kind auf jeden Vorschlag seiner Mutter hin. Aber welche Vorschläge macht die Mutter? Was versucht sie der Tochter schmackhaft zu machen? »Wir gehen zu Schilling und essen Eis, Ananas- oder Vanilleeis, das aß ich immer am liebsten.« Weiß Effi nicht mehr, welche Eissorte Annie vor drei Jahren am liebsten mochte, als beide noch zusammen lebten? Kann sie nur von sich auf die Tochter schließen? Ja sicher, das ist nur ein Detail. Aber der Autor Theodor Fontane ist ein Meister der Details. Und er hat sehr genau beobachtet, was Mütter in dieser Familie an die Töchter weiterzugeben versuchen. Glaubt nicht auch Luise von Briest noch kurz vor Effis Tod, ein Besuch an der italienischen Riviera müsse der Tochter gut tun? Weil es sie selber reizen würde, endlich den Süden kennen zu lernen?

Auch wir Mütter von heute lieben es bisweilen, von uns auf unsere Töchter zu schließen. Schließlich ziehen auch wir unsere Kinder warm an, wenn und weil wir frieren. Romane wie Fontanes Effie Briest zeigen uns das Problematische unseres Verhaltens wie mit einem Vergrößerungsglas. Und sie zeigen uns auch, was sich erfreulicherweise geändert hat. Dass wir uns von den Eltern lösen dürfen, ohne uns gleich wieder an einen Ehemann binden zu müssen. Aber auch, dass wir als Eltern nicht für die Fehler unserer Töchter haften und sie nach einer gescheiterten Beziehung nicht wieder wie ein Kind rundum versorgen müssen.

Effi könnte heute Dinge richtig machen, die ihre Mutter für falsch hält. Sie könnte aber auch ihre eigenen Fehler machen. Wenn das kein Fortschritt ist!

Das Ungelebte ist das Wirksame
und zugleich das,
worüber schwer zu reden ist.
CHRISTA WOLF, KINDHEITSMUSTER

Es ist eine große Torheit,
zu verlangen, dass die Menschen
zu uns harmonieren sollen.
Ich habe es nie getan.
JOHANN WOLFGANG VON GOETHE,
GESPRÄCHE MIT ECKERMANN

Teil eines Ganzen – Wahlmütter, Nebenmütter, Vorbilder

Die Geschichten von Müttern und Töchtern spielen sich nicht in luftleeren Räumen oder geschlossenen Häusern ab. Sie haben es nie getan, und sie tun es immer weniger. Es wird Zeit, dass wir uns der Gesellschaft, den Sitten und Gebräuchen, den politischen Gruppierungen und den Weltanschauungen und nicht zuletzt dem Verhältnis der Geschlechter widmen, die diese verwandten Frauen verschiedener Generationen vorfinden und gestalten. Über die sie streiten und sich versöhnen.

Klassenkampf und Mutterliebe

»In unserer Familie ist niemand dem Glauben treu geblieben, in dem er erzogen wurde«, stellt die Schriftstellerin Monika Maron in ihrem autobiographischen Buch »Pawels Briefe« ebenso pointiert wie sachlich fest: Ihr Großvater, jener im Titel genannte Pawel, war als polnischer Jude geboren und wurde dafür von den Nazis umgebracht. Doch schon als junger Mann war er konvertiert und Baptist geworden. Ihre Großmutter war als Katholikin erzogen und wurde Baptistin, ihre Mutter war als Baptistin erzogen und wurde Kommunistin, sie selbst war als Kommunistin erzogen, »und ich habe mit der Zeit aufgehört, an den Kommunismus zu glauben«. Wenn Monika Maron sich mit ihrer Mutter Hella auseinander setzt, so reibt sie sich nicht an der Frau, deren Vitalität, Lebensfreude, Pragmatismus und Warmherzigkeit ihr ganz offensichtlich immer imponiert haben. Sie stößt sich an der Genossin, die in ihrer Parteinahme für SED und DDR keinen Zweifel kannte, für die Klasseninstinkt und Klassenbewusstsein immer wichtiger blieben als die Nachrichten über ein verbrecherisches Regime. Was die Tochter von der Mutter trennt, sind nicht vordringlich persönliche Animositäten, Eifersucht, Kompetenzstreitigkeiten, familiäre Rollenkonflikte. Es sind politische Einstellungen, es ist vielleicht sogar das ganze damit verbundene Weltbild. Monika Maron erwähnt, dies habe beide Frauen getrennt, »seit ich sechzehn oder siebzehn war«.

Trennung von Müttern und Töchtern wird fast immer als ein privates, psychologisches, allenfalls soziologisch zu erklärendes Problem betrachtet, und auch wir haben es bisher weit gehend so gehalten: die Mutter gängelt die erwachsen werdende Tochter, die Tochter sucht nach einer eigenen, erwachsenen Rolle, beide entdecken mit Schrecken ihre Ähnlichkeit und mit unterschiedlichen Gefühlen ihre Differenzen. Dass diese Konflikte von Generationsunterschieden, wechselnden gesellschaftlichen Moden und Strömungen überlagert und vielleicht sogar bestimmt sind, kam dabei zwar immer wieder zur Sprache.

Doch die Trennung, von der Monika Maron hier spricht, hat einen weiterreichenden Grund. Beide Frauen nehmen innerhalb eines öffentlichen Streits, der jahrzehntelang unsere gesamte Welt bewegte, einen unterschiedlichen Standpunkt ein. Der Kalte Krieg, so könnte man die Sache zuspitzen, fand bei ihnen jahrelang im Wohnzimmer statt.

Am Tag der Maueröffnung fährt die ein Jahr zuvor nach Hamburg ausgereiste Autorin zu ihrer Mutter nach Berlin

(Ost). »Schon am Gartentor rief ich: Ich bin der Sieger der Geschichte, und Hella sagte: Ich weiß.« Sicher, wir werden diese Begrüßung zwischen Tochter und Mutter, in der das Überlegenheitsgefühl von Ironie nur leicht gemildert wird, auch psychologisch deuten müssen. Aggression, auch späte Eifersucht klingt durch: Diese späte Siegerin hat immerhin einen großen Teil ihres unmündigen Lebens an der Seite der Mutter und des ungeliebten Stiefvaters als Privilegierte eines Systems zubringen müssen, das sie früh ablehnte und dem sie doch nicht entfliehen konnte. »Von diesem Triumph hatte ich geträumt. Wenn ich Hella ansah, wünschte ich, er wäre geringer ausgefallen. Manchmal denke ich, dass ich erst in diesem Herbst erwachsen geworden bin; ich war achtundvierzig Jahre alt.«

Ich neige eher dazu, das Erwachsen-Sein nicht an den Triumph der eigenen politischen Auffassung zu knüpfen, sondern an die Art und Weise, in der sie gewonnen und in zahlreichen Diskussionen auch behauptet wurde. Und würde deshalb ohne Zögern behaupten: Monika Maron hat das schon weit früher »geschafft«. Zumindest wenn der Philosoph Kant Recht hat, für den Aufgeklärtheit darin bestand, sich »des eigenen Verstandes zu bedienen«. Doch die Autorin lässt hier deutlich erkennen, dass es bitter war, dies jahrelang gegen die eigene Mutter zu tun.

Der Konflikt, der hier zwischen Mutter und Tochter besteht, hat tatsächlich eine Grundlage, die über das Persönliche weit hinaus geht: Monika Maron erkennt ja an, dass »Hellas Naturell und ihre Lust am Leben sie vor politischer Verbissenheit und moralischer Intoleranz bewahrt haben«. Sie liebt und bewundert ihre Mutter. Doch sie kann sich nicht darüber hinwegsetzen, dass die überzeugte Sozialistin in ihren Aufzeichnungen weder den 17. Juni 1953, noch den Ungarnaufstand 1956, noch den Mauerbau oder den Einmarsch in die Tschechoslowakei 1968 erwähnt.

Neben diesen politischen Differenzen drängt sich allerdings ein zweites, damit verbundenes Thema in den Vordergrund dieser außergewöhnliche Mutter-Tochter-Beziehung: Das schwierige Verhältnis zum Stiefvater, in diesem Buch nur angedeutet. Nach dem Tod von Karl Maron ändert sich das Leben der Tochter grundlegend: »Ich weiß bis heute nicht genau, warum mir, solange Hellas Mann lebte, alles unmöglich schien, was ich, als er gestorben war, nach und nach einfach tat, wie ein umgeleiteter Fluss, der sein natürliches Bett wieder findet, nachdem das künstliche Hindernis aus dem Weg geräumt wurde.« Fürchtete die Autorin eine Zerreißprobe ihrer Mutter zwischen dem zeitweiligen Innenminister der DDR und ihrer einzigen Tochter? Wir würden damit unversehens wieder auf eines der ganz typischen, geradezu »klassischen« Mutter-Tochter-Motive stoßen: Die Mutter liebt Mann und Kind, versucht zu vermitteln, ist ruhender Pol und Quelle familiärer Harmonie. Nur mit einem kleinen Unterschied: Monika Maron hat selbst den Eindruck, sie habe den Ausgang einer solchen Zerreißprobe gefürchtet, nämlich »dass sie sich für Karl und gegen mich entscheiden würde«.

Es kann nicht darum gehen, hier indiskret in eine ganz persönliche Familiengeschichte einzudringen. Doch was Monika Maron selbst offen legt, kann meines Erachtens anderen Frauen weiterhelfen. Sie zeigt zwei Frauen, die sich nahe stehen, zwischendurch aber auch jahrelang kein Wort miteinander wechseln, weil ein ideologischer Graben sie trennt. Sie sind sich gegenseitig wichtig. Doch nichts und niemand kann ihnen wichtig genug sein, um ihre grundlegenden Überzeugungen aufzugeben.

Ich bin fest davon überzeugt, dass mit solchen Vorbildern für Frauen Entscheidendes gewonnen ist. Immer noch sind es in Familien meist die Mütter, die um den Frieden bangen. Durch langjährige Übung sind viele von uns geradezu harmoniesüchtig geworden: Nur kein Streit! Nicht laut werden! Doch der harmonische Wohlklang ist nicht das höchste der Gefühle, Konflikte sind nicht immer Ausdruck einer krankhaften Seelenlage der einen oder anderen Seite. Es kann existenziell wichtig sein, für eine Sache einzustehen oder gegen sie zu sein.

In der DDR war das Hauptthema solcher Streitigkeiten die Stellung zu System und SED, in Westeuropa und den USA haben viele Frauen, die heute erwachsene Töchter haben, das in der Zeit der Studentenrevolte erfahren, als sie sich mit ihren Eltern über Themen wie das Dritte Reich, den Vietnam-Krieg oder freie Sexualität stritten. Sie mussten das tun. Und wirklich traurig ist, dass meist die Väter und nicht die Mütter den Strauß dieser Art der Lösung und Trennung, der Profilierung und Abgrenzung mit den jungen Mädchen ausfochten, während die Mütter um die familiäre Harmonie besorgt blieben und hilflos riefen: »Streitet euch doch nicht!«. Mütter und Töchter hätten sich dabei in solchem Streit von einer anderen Seite kennen lernen können.

Nur gemeinsam sind wir stark?

Zumal hinter der Harmoniesucht die Verstellung lauert. »Heranwachsende Mädchen sind wandelnde Lügendetektoren. Sie können Unechtheit und Heuchelei aus meilenweiter Entfernung erkennen.« Das schreiben die drei Feministinnen Elizabeth Debold, Marie Wilson und Idelisse Malavé in ihrem wichtigen, ebenfalls weit über persönlich-psychologische Aspekte hinausreichenden Buch »Die Mutter-Tochter-Revolution«. Diese Sensibilität für einen bestimmten Tonfall, für eine kleine Veränderung der Mimik und Gestik haben Mädchen vor allem, wenn es um diejenige erwachsene Person geht, die sie meist am längsten kennen: ihre Mutter. Sie haben ein Ohr für die Verstellung. Sie lernen oft durch die Mutter, wie man es macht: wie man unliebsame Anrufer mit hochgezogenen Augenbrauen und freundlich-hoher Stimme abwimmelt oder wie man geschönte Entschuldigungen schreibt. Das sind harmlose Beispiele. Doch wenn sie spüren, dass sich die Verstellungskunst auf nahestehende Menschen richtet oder dass die dahinter stehende »weibliche« Raffinesse eigentlich Ausdruck von Angst und Machtlosigkeit ist, dann lernen sie allerdings auch, sie gründlich zu hassen. Ihr Wahrheitsanspruch wird zur Forderung nach einem offenen, kraftvollen Leben. Er wird zum Politikum. Muss er auch zum Konflikt mit der Mutter führen?

Wahrscheinlich hängt das davon ab, wie die Mutter auf die Kritik der Tochter an ihren kleinen und großen Winkelzügen und Heimlichkeiten reagiert. »Wenn eine Mutter sich zu ihren eigenen Schwierigkeiten und Kämpfen bekennt und sie in den zeitlichen Kontext ihrer Generation stellt, ermöglicht sie ihren Töchtern, für sich andere Entscheidungen zu treffen«, so glauben die Autorinnen. Die Mutter solle der Tochter also klar machen, dass man ihre Fehler, Schwächen und Macken als Ausdruck einer Erziehung zu einem »weiblichen« Rollenverhalten verstehen müsse, gegen das sie allerdings mit mehr oder weniger Erfolg längst selbst ankämpft. Das darf meiner Ansicht nach allerdings nicht so weit gehen, dass Frauen sich auf ihre frühe Prägung zurückziehen, um jede Kritik von sich zu weisen, weil sie ja »nicht anders können«. Zu leicht würde dadurch eine Opferrolle, in der sich Frauen früherer Generationen tatsächlich in vielerlei – wenn auch nicht in jeder – Beziehung befanden, ein für allemal zementiert.

Frauen verschiedener Generationen dürfen sich nicht entsolidarisieren lassen, so die wichtigste These der drei Amerikanerinnen: Nur gemeinsam sind sie stark. Mädchen brauchen die besondere Nähe ihrer Mütter, um zu starken Frauen heranzuwachsen. Innerhalb der gesamten umfänglichen »Loslösungs«-Literatur ist das ein bedenkenswerter Ansatz. Die Mutter-Tochter-Problematik wird hier ausnahmsweise einmal nicht ganz individuell und psychologisch als Konflikt zweier Familienmitglieder und Ergebnis ihrer weiblichen Rivalitäten gedeutet, sondern in größeren, gesellschaftlichen Bezügen gesehen wird. (Dass die drei Frauen jedoch unsere Kultur pauschal mit dem Etikett »patriarchalisch« versehen und die Stellung von Frauen immer wieder mit der von Farbigen und Homosexuellen beiderlei Geschlechts vergleichen, wirkt allerdings etwas veraltet. Nicht zuletzt die Frauen der Töchtergeneration, mit der sie in Verbindung bleiben wollen, können solche Zuordnungen teilweise schon nicht mehr hören. Werden sie hier nicht wieder, wenn auch mit bemerkenswert kämpferischen Worten, zum Opfer deklariert?)

Die drei Autorinnen wenden sich ausdrücklich gegen die Ansicht, Töchter könnten nur erwachsen werden, wenn sie sich von den Müttern »abnabeln«. »Verbindung, nicht Trennung bewirkt, dass Mädchen stark und heil bleiben.« Nur die Identifizierung der Töchter mit ihren Müttern als »Quelle von Selbstachtung und Stärke« mache sie selber zu Power-Frauen. In unserer Kultur werde ein Keil zwischen Mütter und Töchter getrieben wie zwischen Frauen überhaupt. »Wenn Mütter sich mit ihren Töchtern zusammentun, wirken sie den Trennungsabsichten der Kultur entgegen.«

Ob die Töchter, um die es hier geht, mit solchen Überlegungen noch viel anfangen können, sei dahingestellt. Die Erfahrung zeigt, dass sie für die Begriffe und Thesen einer feministisch inspirierten Müttergeneration in der Regel wenig Begeisterung aufbringen und auch den abgegrenzten Räumen nicht viel abgewinnen können, die sich die Frauen der siebziger Jahre erkämpften. Computer-Kurse extra für Frauen? Wozu? Eine Frauenbeauftragte an der Uni? Brauchen wir nicht. In der Praxis wissen sie aber die Unterstützung und Rückenstärkung durch die Mütter und andere Frauen durchaus zu schätzen.

Ich persönlich bin fest davon überzeugt: Diese jungen Mädchen und jungen Frauen brauchen starke Frauen als Vorbilder. Frauen, mit denen man auch streiten kann, Frauen, die nicht so schwach sind, dass sie sich *nur* gemeinsam stark fühlen könnten. Was sie nicht brauchen: Ihre Mütter oder ihre Lehrerinnen als Schulmeisterinnen des Feminismus. Und was ihnen sogar schadet: Eine Solidarität der Frauen, die sich aus einer Identität als »Opfer« speist. Das Gefühl, aus »Schwäche« zusammen- und mit der Kritik an anderen Frauen hinter dem Berg halten zu müssen. Sie haben ihren Müttern und Lehrerinnen als

»Töchter der Emanzipation« wahrscheinlich viel zu verdanken: Sie stehen auf der Basis eines stabilen weiblichen Selbstvertrauens, weil die vorangegangenen Frauengenerationen dafür gekämpft haben. Damit das nicht in Vergessenheit gerät, sollte es ein paar Historikerinnen der Frauenbewegung unter ihnen geben, und ab und zu ein wenig Neugier auf die Biografien der Mütter und Großmütter. Die jungen Frauen von heute sind schließlich, was den Kampf um gleiche Rechte betrifft, Zwerginnen auf den Schultern von Riesinnen.

Und sie haben in gewisser Weise trotzdem Recht, die Ergebnisse dieser Kämpfe als Selbstverständlichkeiten zu betrachten. Denn die meiste Kraft erfordert der Blick nach vorn.

Vorbilder

»Ich möchte nicht sein wie meine Mutter. Ich möchte ich sein.« Das sagte ein junges Mädchen auf die Frage der Soziologin Lucy Rose Fischer, ob ihre Mutter denn für sie ein Vorbild sei. Dass eine Heranwachsende, die sich schließlich noch auf der Suche nach sich selbst befindet, sich »wie ein Papagei« vorkommt, wenn Außenstehende sie auf Ähnlichkeiten mit der Mutter hinweisen, ist verständlich. Dass sie sich notfalls radikal abgrenzt, gehört zum Überlebensprogramm. Psychologen bezeichnen dies Bestreben auch treffend als »Entwicklungsehrgeiz«. Identität entsteht in der Adoleszenz nicht zuletzt durch Abgrenzung von den Eltern, für Mädchen besonders von der gleichgeschlechtlichen Mutter. Ist sie sparsam und asketisch, muss man zum Ausgleich vielleicht ein wenig über die Stränge schlagen. Wenn junge Frauen sich ihre Mütter als Vorbild nehmen, geraten sie, wie Nancy Friday mit Recht betont, »in ein Wettbewerbsproblem«. In dieser Phase sind andere erwachsene Frauen weit besser als Vorbilder geeignet: Sie stehen dem jungen Mädchen vielleicht alters- und generationsmäßig näher. Und sie können als »zeitweilige Vorbilder« fungieren, die man nach einiger Zeit ungestraft »ablegen« kann: Sie sind nicht so schnell beleidigt, wenn sie nicht mehr gebraucht werden.

Doch es fällt auf, dass diese Unlust, der Mutter zu gleichen, nicht so schnell nachlässt: Auch die meisten der von Fischer befragten verheirateten Frauen wollten um nichts in der Welt sein wie ihre Mütter. Und dafür hat die Soziologin eine ganz andere Erklärung, die über den pubertären Entwicklungsehrgeiz weit hinausgeht: »Psychologische Untersuchungen mit Menschen und Tieren in Gruppen haben erwiesen«, so schreibt sie, »dass Individuen in hohen Positionen weit mehr nachgeahmt werden als Individuen in niederen Positionen.« Wir ahnen schon: Das sitzt. Denn was heißt es, wenn Töchter ihre Mütter nicht nachahmen wollen? Logisch: Die Mütter haben in Familie und Gesellschaft eine untergeordnete Position. »Die Tatsache, dass die Töchter Ähnlichkeiten mit ihren Müttern so gut wie nie positiv sehen, lässt darauf schließen, dass sie ihre Mütter nicht sonderlich bewundern.« Wer will schon werden wie die Frau, die in der familiären Hackordnung ganz unten steht, die alles abbekommt und an den meisten Missständen die Schuld trägt?

Fischer betont allerdings der Genauigkeit halber, dass die Töchter ihre Mütter nur in ihrer Rolle als Ehefrau und Mutter kennen lernen. In anderen sozialen Bezügen, also im Beruf oder im Freundeskreis, könnten sie – zumindest theoretisch – attraktivere Positionen innehaben. Ausserdem sollten wir uns natürlich daran klammern, dass diese soziologische Untersuchung schon im Jahr 1986 erschienen ist – mithin im letzten Jahrtausend. Ich persönlich bin auch wirklich davon überzeugt, dass der Befund so pauschal längst nicht mehr stimmt.

Aber ist es nicht eher die nörgelnde, ewig unzufriedene Mutter, der niemand etwas recht machen kann, die vielen als abschreckendes Anti-Vorbild vorschwebt? Die rechthaberische, die »es schon immer gesagt hat«? Also eher eine dominante Frau, deren Omnipräsenz in der Familie den Kindern ganz gehörig auf die Nerven geht? Das ist allerdings die Kehrseite der Medaille: Oft passt zu Nörgeleien im Kleinen, zu Sticheleien und indirekter, »raffinierter« Kritik die Rolle der Unterwürfigen ganz hervorragend. Und was, wieder nach Lucy Rose Fischer, junge Frauen am Leben ihrer Mütter ganz besonders abschreckend finden, das ist geradezu der Nährboden für Rechthaberei aus Unzufriedenheit: Ein ereignisloses, festgefahrenes und »langweiliges« Leben. Wer ein solches Vorbild ablehnt, hat einen gesunden Selbsterhaltungstrieb. Wer allerdings nur solche »Vorbilder« sehen würde, hätte es schwer, der eigenen Entwicklung zu einer erwachsenen Frau voller innerer Begeisterung zuzustimmen.

Auch in diesem Punkt hege ich, das will ich nicht verschweigen, die Hoffnung, die Sache könnte sich seit der Abfassung von Fischers Untersuchung geändert haben. Weil die Vorstellungen vom »Frauenleben« sich vor allem in den Industrieländern in den letzten Jahrzehnten radikal wandelten. Früher waren es, wie wir schon sahen, fast immer die erklärten »Vater-Töchter«, die beruflichen Ehrgeiz entwickelten. »Berufstätige Frauen? Da gab es nur eine Tante, die Krankenschwester war. Doch sie war unverheiratet, und wir Kinder wussten genau, dass sie ihre Schwägerinnen beneidete« sagt die 47-jährige Monika. Frauen, die heute in diesem Alter sind, und deren Töchter langsam flügge werden, klagen häufig, für ein Leben als berufstätige Frau habe es in den fünfziger und sechziger Jahren des Wirtschaftswunders eigentlich keine Vorbilder gegeben. Sie selbst haben es allerdings trotzdem geschafft, nach einer guten Ausbildung eine Partnerschaft, Kinder und einen Beruf unter den berühmten Hut zu bringen. Doch sie wissen, dass das harte Arbeit war und ist. Für ihre Töchter, die heutigen Abiturientinnen, Azubis und Studentinnen, erscheint das als Selbstverständlichkeit: Schließlich haben sie eine berufstätige Mutter, und selbst wenn die erziehungshalber ein paar Jahre ausgesetzt oder beruflich kürzer getreten haben sollte, können sich die Töchter daran später gar nicht mehr genau erinnern. Und wenn die Mutter nicht erwerbstätig ist, sind es doch die Mütter der Freundinnen, die Tanten, die Mütter in Fernsehserien und Spielfilmen. Auch in der Öffentlichkeit gibt es inzwischen eine große Menge weiblicher Vorbilder, die deshalb nicht auf Sex und Mutterschaft verzichten. Mädchen können auf ihre Mütter und deren Freundinnen zurückgreifen, wenn sie Modelle dafür suchen, wie Berufs- und Familienarbeit miteinander zu vereinbaren sind. Und sie haben auch viel bessere Chancen als ihre Mütter, wenn sie gezielt weibliche Vorbilder aus bestimmten Berufssparten suchen: Kein Problem, eine erfolgreiche Anwältin zu finden, bei der man Praktikum machen könnte, und in der gynäkologischen Praxis, in der ein Mädchen sich zur Erstuntersuchung anmeldet, praktiziert ohnehin oft eine Frau. Vermutlich ist es unter diesen Umständen auch für Mädchen mit starken intellektuellen Interessen heute leichter, sich schon in der Adoleszenz mit ihrer Weiblichkeit auseinander zu setzen und eine für sie persönlich passende, authentische Identität als Frau zu finden: Das Rollenangebot ist einfach größer und attraktiver geworden!

Wieder scheinen es die Mütter dieser jungen Mädchen von heute zu sein, denen die Vorbilder für die nächste Lebensphase fehlen. Ist das das Los der heute Fünfzigjährigen? Diese Frauen »in den besten Jahren«, die heute Mütter heranwachsender oder gerade erwachsener Töchter sind und deren eigene Mütter meist ganz in der Familie »aufgingen«, suchen wieder, wie in ihrer Jugend, nach Vorbildern für eine neue Lebensphase. Ging es ihnen damals um Modelle für die Vereinbarkeit von Beruf und Familie, so sind sie heute überzeugt: Es gibt ein Leben nach der aktiven Familienphase, das mehr beinhaltet als die Arbeitsplatzbeschreibung für das Berufsbild »Großmutter«. »Es gibt dafür keine festen Vorbilder«, sagt allerdings die 50-jährige Françoise, wenn sie an ihr geplantes aufregendes Leben nach der aktiven Mutterphase denkt. Zwar freut sich die Alleinerziehende auf das in Aussicht genommene freie Leben, doch hat sie auch gehörige Angst davor. Wo ist eine Frau, die ihr vorgelebt hätte, wie es gehen könnte? Frei sein, und doch die ganz besondere Bindung an die Nachkommen nicht leugnen? Die Vorbilder aus früheren Generationen, das sind große, begabte und vitale Ausnahme-Figuren wie Marie Curie und Margaret Mead oder bekennende Nicht-Mütter wie Simone de Beauvoir. Wo ist die nicht mit einschüchternder Begabung und ebensolchem Ehrgeiz ausgestattete Modellfrau mit dem strahlenden, interessanten, geglückten Leben? Die »Frau wie du und ich« mit der aufregenden, prall gefüllten Biografie? Die Frau, die jede Etappe ihres reichen Daseins intensiv erlebt? Die Suche nach alltagstauglichen, zeitgemäßen Vorbildern wird Frauen auf dem Rückzug aus der aktiven Mutterrolle wie Françoise wieder einmal dahin führen, wo sie im Zweifelsfall immer fündig werden: Zu den eigenen Experimenten, dem »trial-and-error«-Verfahren. Erfahrungen mit weiblicher Stärke, die auch am Bild der eigenen Mutter gewonnen sein können, werden mit verarbeitet. Man sollte ja nichts verkommen lassen. Unter anderem das haben wir von den sparsamen Hausfrauen der Nachkriegszeit gelernt.

Eine Mutter ist eine Mutter ist eine...

Nicht nur weil keine Tochter eine schlechte Kopie ihrer Mutter werden will, nicht nur, weil die Zeiten sich geändert haben und neue Rollenvorbilder gebraucht werden, ist eine Mutter als Vorbild für ihre Tochter üblicherweise schlecht geeignet. Es gibt ein weiteres, ganz grundlegendes Problem, das auch einer »ganz normalen« Freundschaft zwischen den miteinander verwandten Frauen verschiedener Generationen im Weg stehen kann: »Ich kann nicht empathisch meinem Kind zuhören, wenn ich innerlich damit beschäftigt bin, eine gute Mutter zu sein« sagt die Psychoanalytikerin Alice Miller (»Am Anfang war Erziehung«). Aber wer will denn keine gute Mutter sein? Das Dumme ist – nach Miller – nur: Wir sind immer auch ein bisschen damit beschäftigt. Während eine Mutter (oder ein Vater) mit ihrem Kind spielen, denken sich auch daran, ob sie selbst ihre Rolle gut ausfüllen. Und auch weit später sitzt bei vielen Gesprächen die Verantwortung als mehr oder weniger erbetener Gast mit am Familientisch. Wenn wir zu sehr in diesem Gedanken befangen sind, nimmt sogar die nötige elementare menschliche Nähe Schaden, wie Miller betont. Aber auch wenn diese »Bravheit« gegenüber der eigenen Elternrolle nicht krankhaft überhand nimmt, prägt das »Muttersein« die Beziehung zu unserer Tochter. Wir sind immer ***auch*** Verantwortungsträger. Und auch wenn die Kinder älter sind, ist es schwer, das abzulegen. Dieses Verantwortungsgefühl durchdringt den Lebensstoff der meisten Mütter so stark, dass es gewissermaßen schwer aus der Wäsche geht. Man kann daran arbeiten, natürlich, und wir sollten das tun. Und wir haben gesehen, dass es erwachsene Beziehungen zwischen Eltern und Kindern gibt, die von gegenseitiger Bemutterung getragen werden.

»Aber eine bestimmte Art der Unbeschwertheit ist dahin, seit mein erstes Kind auf der Welt ist. Seit diesem Tag ist die Sorge mein ständiger Begleiter.« Dieser Äußerung der dreifachen Mutter Monika würden wohl viele Frauen zustimmen. Und ich nehme an, dass es den meisten auch im konkreten Fall so geht wie Monika: »Mit das schönste Erlebnis im letzten Skiurlaub war für meine 16-jährige Tochter, dass wir alle zusammen eine Zigarette geraucht haben.« Sie weiß, dass ihre Töchter typische Party- und Gelegenheitsraucherinnen sind und hat natürlich unzählige Male mit ihnen über die gesundheitlichen Gefahren gesprochen. Auch sie raucht nur ganz selten mal eine Zigarette. Es zusammen mit den minderjährigen Töchtern in einem Café tun? Das war eine größere Überwindung für beide Eltern. ›Unsere Eltern lernen‹, das mussten die Töchter anerkennen.

Immerhin. Trotzdem kann keine Mutter ihrer Tochter alles bieten, was erwachsene Frauen einem Mädchen unter günstigen Umständen geben können. Das fängt schon damit an, dass die Mutter in vielerlei Beziehung vielleicht »anders« ist als dieses konkrete Mädchen, ihre Tochter, dass beide unterschiedliche Begabungen und Interessen haben. Oder aber: Beide sind sich so ähnlich, dass sie in der engen Zweierbeziehung Gefahr laufen, im eigenen Saft zu schmoren. Logische Folge: Die Tochter braucht ***auch*** andere Frauen als Bezugspersonen. Frauen aus anderen Generationen, Frauen, die ihre Mütter sein könnten, aber den Vorteil haben, es nicht zu sein. Vielleicht begleiten sie ihr Leben nur ein Stück weit. In bestimmten Entwicklungsphasen kann das ganz besonders dringend sein. In der Pubertät zum Beispiel haben gleichaltrige Freundinnen nicht genug Lebenserfahrung, um in allen Fragen hilfreich zu sein. Den Müttern dagegen fehlt der nötige Abstand, auch wenn sie sich viel Mühe geben, verständnisvoll, möglichst freundschaftlich und möglichst wenig ängstlich mit ihrer heranwachsenden Tochter umzugehen. Außerdem sollten wir nicht vergessen, dass sie persönlich oft Teil des Problems sind, über das die Tochter mit einer verständnisvollen Gesprächspartnerin reden möchte, etwa in Trennungssituationen, wenn das Mädchen zwischen beiden Eltern steht.

Die Kinderbuchautorin Brigitte Klose-Grigull aus dem rheinischen Erkrath hat auch aus solchen Überlegungen heraus eine Idee aus den USA importiert, und die heißt auch hierzulande inzwischen »Big Sister e.V.«: Erwachsene Frauen, die sich mindestens einmal in der Woche für mindestens zwei Stunden mit einem Mädchen verabreden und zusammen etwas unternehmen wollen, und Mädchen, die eine »große Schwester« zum Reden, Bummeln, Schwimmen gehen oder für tausend andere Aktivitäten brauchen könnten, werden hier zusammengebracht. Solche Kontakte, davon ist die Vereinsgründerin überzeugt, könnten auf lange Sicht helfen, manches zeitweilig schwierige Mutter-Tochter-Verhältnis zu entkrampfen.

»Big Sister« – Große Schwestern zum Anfassen

Ein Gespräch mit Brigitte Klose-Grigull (Gründerin von »Big Sister e.V.«)

Was ist so anders an einer »Big Sister«?

Eine Big Sister ist in erster Linie für das Mädchen da. Sie ist nicht der verlängerte Arm der Mutter und auch keine Tante, keine Autoritätsperson. Sie steht dem Mädchen vom Verständnis und meist auch vom Alter her näher. Sie ist wie eine große Schwester, die ein bisschen aufpasst und hilft. Vor allem die 15 – 16-jährigen wünschen sich diesen geringen Altersabstand, wahrscheinlich, weil sie ein Gegengewicht zur Mutter brauchen. Aber es gibt durchaus auch Frauen Mitte 30, die sich noch daran erinnern, wie das war, als sie jung waren.

Ist das für die Mütter kein Grund zur Eifersucht?

70 Prozent derjenigen, die sich melden, sind Mütter. Sie bekennen: Ich habe Schwierigkeiten mit meiner Tochter und mir wäre es ganz lieb, wenn jemand anders mit ihr ein bisschen Kontakt aufbauen könnte. Väter haben sich noch nicht gemeldet, die reagieren wohl nicht auf den Namen »Big Sister«. Aber die Mütter halten es für eine gute Idee und würden es gerne versuchen. Vielleicht auch, um Polarisierungen zu entgehen, weil da jemand aus einer anderen Warte an die Sache herangeht und nicht so pädagogisch-erzieherisch wirkt. Eifersucht habe ich noch gar nicht erlebt. Aber es kann natürlich sein, dass das noch kommt, wenn in so einem »Paar« die beiden sich gut verstehen.

Was sind das für erwachsene Frauen, die sich schon bei Ihnen gemeldet haben, und was »fehlt« ihnen?

Altersmäßig sind es bisher nicht die ganz Jungen. In dieser Lebensphase so um die 20 wollen sich die meisten Frauen wahrscheinlich noch nicht für eineinhalb Jahre festlegen. Sie sind zwar von der Idee hellauf begeistert, aber ihr Leben läuft dafür zu chaotisch. Aber es melden sich Frauen um die 30 mit eigener Wohnung, auch Frauen, die in der Familienphase stecken, Söhne haben und gerne auch einmal ein Mädchen hätten oder berufstätige Frauen ohne Kinder, die es schön fänden, mit einem Mädchen etwas zu unternehmen. Es sind eher die selbstbewussten Frauen, die aber nicht tausend andere Sachen machen und nicht bei anderen Vereinen aktiv sind.

In welchem Alter und in welcher Situation braucht ein Mädchen eine solche erwachsene Freundin?

Ich denke, die Pubertät ist ein schlimmes Schicksal, das jede ereilt, da kann es besonders hilfreich sein. Wenn die Pickel kommen oder die erste Liebe, das sind Dinge, die man meist schlecht mit der Mutter besprechen kann. Unterstützung brauchen oft auch Töchter allein erziehender Mütter oder Kinder in der Scheidungsphase, bei denen sich das ganze Weltbild ändert. Da können Freundinnen allein nicht helfen, die Mädchen brauchen jemanden, mit dem sie reden können. Wir denken aber auch an Krankheiten und Verluste in jeder Form. Eine »Big Sister« ist auch hilfreich, wenn Mädchen ganz anders gepolt sind als der Rest der Familie, andere Interessen haben. Es gibt ja Kinder, die passen nicht so gut in ihre Familie hinein.

Welche Erfahrungen haben Sie selbst mit Ihrer Mutter? Und hatten Sie, als sie das brauchten, eine »Big Sister«?

Ich bin in den sechziger Jahren im Gesindegebäude eines alten Schlosses aufgewachsen, und da waren eine ganze Menge Kinder, auch ältere Mädchen. Da war zum Beispiel die Ilse, die sechs Jahre älter war, die älteren Mädchen haben mich auch mal zum Eisessen oder in die Stadt mitgenommen. Ich persönlich habe mich besser mit meinem Vater verstanden, ich hatte immer Probleme mit meiner Mutter, vom Rollenbild her. Bei der »Big Sister«-Idee geht es uns unter anderem auch um das Rollenverhalten der Mädchen. Wir planen Veranstaltungen, wollen Anregungen geben und durch den Kontakt nicht zuletzt zu einer Erweiterung des Frauenbildes anregen.

> ***Fazit:* Wir sind nicht so schwach, dass wir immer auf Biegen und Brechen zusammenhalten müssten: »Zwei gegen den Rest der Welt« ist für Mutter und Tochter eine denkbar schlechte Devise.**

Starke Frau und bedächtige Mutter Die Ethnologin Margaret Mead

Als »Big Sister« vorbildtauglich ist in vielerlei Hinsicht die schon erwähnte Margaret Mead (1901-1978). Um Missverständnissen vorzubeugen: Hier geht es nicht um die Gültigkeit ihrer Forschungsergebnisse zu Geschlechterrollen und Stellung des Kindes in verschiedenen Gesellschaften, sondern um das Leben der Forscherin, das allerdings stark von der Tatsache geprägt ist, dass diese Themen sie beschäftigten. Außerdem erlaube ich mir unvorsichtigerweise, das für bare Münze zu nehmen, was sie in ihrer Autobiographie »Brombeerblüten im Winter« über sich selbst sagt. Was ich als vorbildhaft empfinde, sind also formulierte Einsichten, nicht das Alltagsverhalten der Autorin. Es mag da bisweilen Unterschiede geben...

Stark ist etwa das ständige Bestreben der Ethnologin, sich neuen Gegebenheiten anzupassen, dazuzulernen, sich zu verändern, aber auch ihre jeweilige Rolle realistisch einzuschätzen. Zum Beispiel die bevorstehende Mutterrolle. Während der Schwangerschaft plagen sie die Ängste vieler Mütter: Das Kind könnte krank oder behindert zur Welt kommen, es könnte einen schwierigen Charakter haben. Wie sie damit fertig wurde? »...indem ich mich dazu erzog, nicht zu erwarten, dass das Kind in irgendeiner Weise etwas Besonderes sein würde.« Allgemeiner gesprochen: »Ich erzog mich dazu, mir kein Bild davon zu machen.« Nur so, davon ist die werdende Mutter fest überzeugt, kann sie dem Kind den Weg frei machen für eine »eigene, einmalige und klare Identität«. Schon während der Schwangerschaft vollzieht sie voller Achtung für die Persönlichkeit eines Kindes, das sie zwar nährt, aber noch nicht kennt, eine Art Trennung. Bemerkenswert hierbei das zweifache »Ich erzog mich dazu«. Das trifft den Nagel auf den Kopf: Es fällt schwer, ein Kind zu erwarten, ohne sich ein Bild von ihm zu machen. Sich auf seine Ankunft einzustellen, alle Vorbereitungen dafür zu treffen, ohne sich auch nur ein ganz klein bisschen vorzustellen, wie es denn aussehen, wie es denn »sein« könnte. (Man könnte aus heutiger Sicht hinzufügen: Ultraschall und Pränataldiagnostik machen diese Aufgabe noch schwerer, denn sie liefern uns ja Bilder.) Das eigene Leben verändert sich grundlegend, da wird man doch seiner Phantasie freien Lauf lassen dürfen, um wenigstens ein ganz klein wenig vorwegzunehmen, was für ein Mensch da als langjähriger Hausgenosse zu erwarten sein wird? Doch Mead sieht die Gefahren, die in Gestalt hoher Erwartungen und unseliger Fixierungen auf jede Liebesbeziehung dieser Erde lauern und denen schon mit dem alttestamentarischen Verbot, sich von Gott ein Bildnis zu machen, Rechnung getragen wurde. In unserem Jahrhundert hat dann der Schweizer Schriftsteller Max Frisch vor der Gefahr gewarnt, die vom festen Bild für jede Partnerschaft ausgeht. Das feste Bild bedroht auch die Beziehung zum eigenen Kind. Deshalb »erzieht« – fast meint man: zwingt – Margaret Mead sich zum Abwarten, zur ruhigen Beobachtung. Vor allem versucht sie, sich von dem Druck freizumachen, ihr Kind müsse »etwas Besonderes« werden. Und dieser Druck ist für die Tochter einer prominenten Mutter, die Margaret Mead zur Zeit der Geburt ihrer Tochter schon war, besonders spürbar. Gelassenheit ist das probate Gegenmittel: »Das einzige Verdienst, das eine Mutter und ein Vater für sich in Anspruch nehmen können, ist, ein Kind nicht erkennbar beschädigt zu haben.«

Als stark erscheint mir auch die Gelassenheit, mit der die Wissenschaftlerin zu ihrem Interesse an Beschäftigungen wie Haushaltsführung und Kindererziehung steht, die in den Augen vieler Kollegen nicht zu der »Karrierefrau« passen. Sie ist eben beides, will die breite Palette ihrer Möglichkeiten nicht aufgeben und fragt sich allenfalls einmal, »was der Grund für meine offensichtliche Abweichung vom akzeptierten Verhalten der Karrierefrau war«. Dabei erkennt sie dankbar an, dass die Frauen der vorangegangenen Generationen dafür in ihrem Fall die Wurzeln legten. Für die »größere Intensität« des Lebens, die sie sich erhoffte, gab es schließlich in der Familie Vorkämpferinnen: »Mit dem Vorbild meiner Großmutter und meiner Mutter vor Augen erwartete ich beides zu werden, Akademikerin sowie Ehefrau und Mutter.« Gleichzeitig erkennt sie schon als Mädchen, dass ihr Vater, ein Professor der Wirtschaftswissenschaften, zu Hause »auf die akademischen und sozialen Eigenschaften reduziert wurde, an die meine Mutter glaubte«. Doch in seiner Vitalität strebte er nicht allein nach universitären Ehren, sondern wollte sich auch als Farmer und Kaufmann betätigen. Und vielleicht ist es auch Folge dieser Beobachtung, wenn Margaret Mead sich später nicht auf die Rolle der Intellektuellen reduzieren lassen will.

Eine starke Frau zu sein, wurde wahrscheinlich nicht nur zu Margaret Meads Lebzeiten durch eine weitere Eigenschaft unterstützt: Bewusstheit und Fähigkeit zur Selbstreflexion. Sie kam aus einer Familie mit stark soziologischem Interesse, in der über verschiedene Lebensmuster und Kulturen nachgedacht wurde. Sie suchte als Frau für sich nach Möglichkeiten für ein erfülltes Leben. Und sie machte auf ihren Forschungsreisen auch persönlich Bekanntschaft mit den Werten, Rollenvorstellungen und Gewohnheiten weit entfernter Völker. Das alles führte dazu, dass sie kaum etwas, das von ihr »erwartet« wurde, für selbstverständlich hielt. »Für mich war es fast dasselbe, zu einer Frau erzogen zu werden, die in der heutigen Welt verantwortlich leben kann, und eine Ethnologin zu werden, die sich der Kultur bewusst ist, in der sie lebt.« Bewusst leben heißt demzufolge keineswegs, von Traditionen frei zu sein oder sich gezielt von ihnen frei zu machen. Es bedeutet allerdings, sich ihren Stellenwert als Überlieferung der eigenen Kultur klar zu machen – sie also als prinzipiell veränderbar zu begreifen. Es heißt ebenso wenig, »frei« von einer Geschlechtsrolle zu leben. Doch was sie beinhaltet, steht nicht für jede(n) ein für allemal fest. Und die oder der Einzelne hat an der Definitionsmacht wenigstens ein kleines Stückchen teil.

Eine weitere Stärke Margaret Meads, mit der sie vielen Frauen meiner Ansicht nach Vorbild sein sollte, ist ihre feste Verankerung in einer Generation. Weil sie anders war als die Mütter ihrer Studentinnen, sagten die zu ihr: »Sie gehören zu uns.« Es sei eine große Versuchung für sie gewesen, dem einfach zuzustimmen, betont die Ethnologin. Noch einmal jung sein, noch einmal die Chance haben, zu sich zu finden... Nein, so sagte sie zu den jungen Frauen, sie gehöre zu ihren Altersgenossen, teile deren Erfahrungen und deren Lebenserwartung. »Aber ich kann versuchen, mich mit meiner Lebensgeschichte darzustellen, so wie ihr euch gern mit euren Körpern darstellt.«

So hat sie Brücken gebaut, durch den Verzicht auf angemaßte Zugehörigkeit (zu den Jüngeren) und angemaßte Deutungsmacht (gegenüber ihrer Tochter).

Jedes Neue, auch das Glück,
erschreckt.
FRIEDRICH SCHILLER, DON CESAR IN:
»DIE BRAUT VON MESSINA«

Zu neuen Ufern schwimmen, oder: Es gibt ein Leben nach der aktiven Elternschaft

Die Lebensumstände hier und heute machen es unvermeidlich, dass Töchter eines Tages von zu Hause ausziehen und sich allein, mit einem Partner oder mit Gleichgesinnten ein eigenes Lebensumfeld aufbauen. Obwohl jede Mutter also damit rechnet, ist der Auszug der Tochter ein einschneidendes Ereignis. Manchmal ist die Tochter erst sechzehn und trennt sich im Streit. Manchmal geht sie erst als Mitzwanzigerin, weil sie einen Studienplatz in einer anderen Stadt ergattert hat. Es ist dann höchste Zeit für diesen Schritt, das sagt der Verstand beiden Frauen. Und dennoch kann der Auszug, vor allem der des jüngsten Kindes, die Eltern in eine tiefe Krise stürzen. Ein Lebensabschnitt ist zu Ende. Und Trauer muss dieses Ende begleiten. Die Mutter wird kein »neues« Kind bekommen, das Ende der aktiven Familienzeit ist nicht zuletzt ein deutlicher Schritt in Richtung auf das Ende des Lebens überhaupt. Wenn das nicht ehrlich mitbedacht wird, sind alle guten Ratschläge oberflächlich.

Trauer als Chance

Deshalb ist es wichtig, die Traurigkeit zuzulassen, billigen Trost zu verschmähen und sich Zeit für die Umstellung zu nehmen. Der Psychoanalytiker Helm Stierlin lenkt den Blick darauf, dass der Auszug der Kinder oft mit der allgemeinen »Midlife-Crisis« der Eltern zusammenfällt. Die »emotionale Krise in den mittleren Lebensjahren«, in der sie sich mit der Endlichkeit des eigenen Lebens und dem Ende der Jugendlichkeit auseinander setzen, stürzt auch Nicht-Eltern oft in eine wirkliche Krise: Das Gefühl, nicht alles »gelebt zu haben«, kann von Depression über erotische Abenteuer bis zu Extremsport bekanntlich vielerlei Konsequenzen nach sich ziehen. Für Eltern manifestiert sich das »Aufrücken in die nächste Generation« besonders augenfällig in der Ablösung der Kinder.

Rosemarie ist Mitte fünfzig, Mutter von vier Kindern. »Es ist ein endgültiger Einschnitt«, so sagt sie über den Auszug ihrer 22-jährigen Jüngsten, die in einer anderen Stadt studieren wird. »Mit meinen Freunden kann ich aber nur schwer darüber reden, denn deren Kinder sind längst alle flügge. Sie sind schon teilweise Großeltern, und ich merke ihnen an, dass sie im Stillen denken: Soll sie sich doch nicht so anstellen. Jeder von uns ist schließlich darüber hinweggekommen. Das ist eben der Lauf der Welt.« Auch ihr Mann erlebt die gleiche Situation ganz anders: »Er hält mir täglich vor Augen, dass unsere Tochter doch sowieso die letzte Zeit fast ganz im Appartment ihres Freundes verbrachte. Aber für mich ist es ein Unterschied, wenn sie jetzt ihre Sachen mitnimmt. Und ich lasse mir meine Traurigkeit nicht nehmen.«

Rosemarie ist eine höchst aktive Frau, deren Trauer keineswegs der Tatenlosigkeit entspringt. Doch sie spürt wie viele Mütter, dass die Melancholie, die Eltern sogar überfallen kann, wenn schlimme Nervensägen und chaotische Mitbewohner das Haus verlassen, eine positive Kraft ist. Eine Kraft zudem, die sich nicht durch Beruf, Hobbys, Volkshochschulkurse und Reisen besänftigen lässt, so sinnvoll und empfehlenswert all diese Aktivitäten *um ihrer selbst willen* auch sein mögen. Erst wenn man die Trauer zulässt, kann am anderen Ende das Neue zum Vorschein kommen.

Die neue Chance für das Paar: Denn schließlich war man in der Zeit der ersten Liebe kinderlos. Und kann heute die Luxusreise machen, die damals an der knappen Kasse, später an den kleinen Kindern scheiterte. Die Gespräche führen, die lange Jahre hindurch von nörgelnden Mitbewohnern unterbrochen wurden. Am helllichten Tag zusammen im Bett liegen, ohne mit anderen Eindringlingen als der Hauskatze zu rechnen, die die Kids nicht in ihre Studentenbude mitgenommen haben. Doch oft, vor allem wenn der Auszug eines Kindes plötzlich kommt und nicht in kleinen Schritten »geübt« werden konnte, sind die alleingelassenen Eltern auch von der Stille zu bedrückt oder in der unverhofften Zweisamkeit so ungeübt, dass sie geradezu als Bedrohung ansehen, was doch eine Chance sein könnte. Vielleicht brauchen sie nur Zeit, sich an die Zweierkiste zu gewöhnen. Endlich die Pflichten neu verteilen, die Haushaltsführung vereinfachen! Sich gegenseitig ein wenig bevatern und bemuttern? Und die leichte Melancholie miteinander teilen, die beide ab und an befällt, wenn sie an das frühere Leben im Haus denken!

Vielleicht zeigt sich in dieser Situation aber auch endgültig, dass sie nur durch die Elternrolle zusammengehalten wurden und nun nicht mehr wirklich zusammen leben können. Dass sie sich trennen müssen, um aus dem Leben nach der aktiven Elternschaft für sich etwas zu machen. Und dass sie das nun tun können, ohne den »Kindern« frühe Schäden zuzumuten.

Bei vielen Frauen wird neue Power für eine berufliche Aufgabe freigesetzt, die bisher unter familiären Verpflichtungen litt. Denn der Lebensrhythmus von Schulkindern ist der ungestörten und ununterbrochenen Arbeit an einem Projekt ja nicht eben förderlich. Arbeitgeber sehen allerdings noch zu wenig, welches Potential an erfahrenen, motivierten und flexiblen Mitarbeiterinnen sie hier oft »aus Altersgründen« verschmähen.

Vielleicht ist es auch ein Glück, in einer bisher engen Wohnung endlich ein bisschen mehr Platz zu haben. Ein eigenes Arbeitszimmer einrichten zu können. Für längere Zeit alte Freunde zu beherbergen. Wer dagegen viel Platz zu »verschenken« hat, sollte sich aus psychologischen Gründen trotzdem genau überlegen, wie lange die alten Kinderzimmer Kinderzimmer bleiben können/sollen/dürfen. Zwar ist es für Studenten natürlich ganz angenehm und komfortabel, jederzeit »nach Hause« und in ihre alte Bude zurück zu können. Aber was empfinden die Eltern dabei, wenn sie die Zimmer sonst nur betreten, um alles abzustauben und Vergangenes zu konservieren? »Vielleicht kommt sie ja noch einmal zurück, wenn sie nach dem Studium keine Stelle findet«, sagt der Vater der 25-jährigen Andrea. »Aber die Andenken auf ihrem Regal sind ewige Staubfänger«, meint die Mutter, »und ich hätte nichts dagegen, hier ein gemütliches Gästezimmer einzurichten. Vielleicht ist es besser, wenn sie ihren Kram bald einmal sortiert und alles abholt, was sie noch brauchen kann.« Vielleicht? Sicher!

Schuldgefühle: Der ewige Fluch?

Aber: Sind das nicht die Forderungen einer Rabenmutter? Sollte ein »Kind« nicht jederzeit in sei Elternhaus zurückkehren können? Bertolt Brechts »Unwürdige Greisin«, die sich über Bedenken dieser Art locker hinwegsetzen konnte, wäre wahrscheinlich auch heute noch die Ausnahme. Mehrheitsfähig sind dagegen wiederkehrende diffuse Schuldgefühle der Mütter, ihre Rolle nicht gut genug zu erfüllen – selbst gegenüber den erwachsenen Kindern.

Sind Schuldgefühle erblich? Fast will es so scheinen, als sei die Erblinie seit den Zeiten unserer biblischen Stammesmutter Eva weiblich: Dafür, dass sie ihrem Mann Adam von den verbotenen Früchten anbot, strafte sie Gott Vater bekanntlich mit dem Fluch, »unter Schmerzen gebären« zu müssen, trotzdem vom Manne aber nicht lassen zu können. Noch heute neigen viele Pädagogen und Psychologen, wie wir in früheren Abschnitten sahen, dazu, den Müttern die Hauptschuld für alle möglichen Erziehungsfehler zu geben. Vor allem aber: Viele Frauen nehmen diese Schuld immer noch bereitwillig auf sich.

Das Bemühen, die »perfekte« Mutter zu sein, ist hoffnungslos zum Scheitern verurteilt. Heute geht der Trend – zumindest theoretisch – zwar zu einer Art neuer Gelassenheit: Es genüge, so kann man da hören, als Mutter »gut genug« zu sein. Und schließlich gebe es auch noch ein par andere Erziehungsinstanzen, Väter, Erzieher, Lehrer, Freunde, Gesellschaft.

Doch die Sache mit den Schuldgefühlen funktioniert, wie die Journalistin Petra Oelker treffend sagt, ein bisschen wie ein Karussell: Wer nicht mehr mitmachen will, muss abspringen. Mitfahren dagegen geht automatisch, und wer es tut, bewegt sich zwangsläufig im Kreis: Die Mutter tut »alles« für ihr Kind, das Kind fühlt sich schuldig, weil es ihren Erwartungen nicht entsprechen kann, die Mutter fühlt sich schuldig, weil sie nicht perfekt genug ist und war, das erwachsene »Kind« fühlt sich schuldig, weil es der Mutter nicht die Liebe wiedergeben kann, die diese ihr so aufopferungsvoll geschenkt hat... So lange Frauen in Familienbelangen als die Hauptverantwortlichen gelten, funktioniert das Karussell als Perpetuum Mobile. Mütter und Töchter, die Schuldgefühle für einander hegen, sind vielleicht am unentwirrbarsten miteinander verstrickt.

Doch es gibt Anzeichen dafür, dass dieses Fahrgeschäft sich bald nicht mehr lohnen wird. Es war schon anlässlich der Dankbarkeit davon die Rede: Eva ist heute nicht mehr dazu »verflucht«, Kinder zu gebären. Wenn sie sich dazu entschließt, ist es ihr – und sein – Wunsch, und es muss nicht unter Schmerzen geschehen. Das entlastet die Nachkommen: Dankbarkeit ist keine logisch zu erwartende Folge des Geboren-Worden-Seins. Sie kann nicht »erwartet« und eingeklagt werden. Die »klassische« Aufteilung in Familienmutter und Arbeitsvater ist längst erfreulich aufgeweicht und wird für unsere Enkelinnen nach menschlichem Ermessen allenfalls von historischem Interesse sein. Das entlastet die Mütter: Mit ihrer (Un)Zulänglichkeit steht und fällt nicht das gesamte Erziehungsgebäude.

Neuerdings hört man allerdings von einer ebenso eleganten wie verhängnisvollen Variante des guten alten weiblichen

Schuldgefühls. Gewissermaßen der letzte Schrei unter aufgeklärten (Groß-)Müttern sei das Gefühl, man sei schuld an den ewigen Schuldgefühlen der Tochter.

Evelyn Bassoff lenkt solche Gefühle in konstruktive Bahnen, wenn sie Frauen bewusst macht: Schuldig werden kann ein Mensch auch an den eigenen Begabungen und Möglichkeiten. Spätestens wenn sie nicht mehr als »aktive Mutter« tätig sind, sollten Frauen sich der zur Vermeidung solcher Schuld nötigen Aufgabe widmen, und dies ebenfalls »gut genug«: »Dass sie in der Familie weniger gebraucht werden, verpflichtet sie, ihre Energien in neue Unternehmungen zu investieren – berufliche, kreative, politische und soziale.«

Spätes Glück ohne kindliche Kritiker

Für allein erziehende Mütter oder Väter ist es oft besonders schwer, die Kinder ziehen zu lassen, die auch als Partner eine wichtige Funktion hatten.

Aber es kann dafür auch eine ganz besondere Chance beinhalten. Giovanna, eine erfolgreiche, spritzige und attraktive Journalistin, und ihre temperamentvolle Tochter Melanie bildeten nach der Scheidung ein solches unzertrennliches Paar. Sie küssten und sie stritten sich: Ihr Verhältnis war ausgesprochen eng und zärtlich, gleichzeitig flogen aber auch in ziemlich regelmäßigen Abständen bei heftigen Auseinandersetzungen nicht nur verbal die Fetzen. Unter anderem immer dann, wenn die Mutter einen neuen Verehrer hatte. Bevor Giovanna selbst dem Mann auch nur einen Schritt entgegenkam, hatte Melanie ihn schon in Grund und Boden kritisiert: »Wie der aussieht! Und er ist dir doch haushoch unterlegen, ein Spießer, einfach unmöglich!«

Als Melanie für ein Jahr als Au-pair-Mädchen nach Frankreich ging, lernte Giovanna Kurt kennen, einen Kollegen. Die Beziehung hält bis heute, obwohl auch er selbstverständlich in Melanies Augen zahlreiche negative Eigenschaften auf sich vereint... Doch Melanie kam in der Sache erst zu Wort, als Giovanna und Kurt schon ein Vertrauensverhältnis hatten aufbauen können. Und: Melanie hatte in Frankreich René kennen und lieben gelernt. Er ist nicht gerade Giovannas Traumtyp, das muss man hinzufügen. Aber sie hat ja ihren eigenen.

Das Verhältnis der beiden Frauen heute ist liebevoll, aber doch ein wenig distanziert. Auf jeden Fall aber ist es in Entwicklung.

Freundinnen?

Werden Giovanna und Melanie eines Tages Freundinnen sein? Schon heute verkehren sie, wenn man sie so beobachtet, eigentlich freundschaftlich miteinander. Wenn eine der beiden Hilfe braucht, kann sie sich hundertprozentig auf die andere verlassen. Das heißt aber nicht, dass sie besonders enge Vertraute wären. Bei weitem nicht alles, was die Mutter bewegt, die voll im Berufsleben steckt und gleichzeitig mit den Tücken der Wechseljahre zu kämpfen hat, kann die Tochter verstehen. Und bei weitem nicht alles, was den Lebensstil von Melanie und René vom eigenen unterscheidet, kann Giovanna verstehen oder auch nur billigen.

Die Psychologin Evelyn Bassoff betont: »Forscher stimmen darin überein, dass Mädchen und ihre Mütter nicht beste Freundinnen oder Partner sein sollen.« Für besonders gefährlich hält sie ein verfrühtes und einseitiges Vertrauensverhältnis, das die Älterere zur Jüngeren aufbaut.

Besonders alleinstehende Mütter oder Frauen, die in ihrer Ehe Probleme haben, stehen in Gefahr, ihre heranwachsenden Töchter ins Vertrauen zu ziehen. »Wenn die Mutter das zulässt, so Bassoff, dann »vergisst sie, dass die Jugend die Zeit ist, in der eine Tochter die Bindungen an die Familie eher lockern als festigen sollte.« Auch wenn die Tochter besonders reif, vernünftig und verständnisvoll wirkt und sich gegen die Vertraulichkeit der Mutter nicht abgrenzen kann, muss ihr dieses Recht zugestanden werden. Denn gerade solche Mädchen nehmen sich die Probleme oft allzu sehr selbst zu Herzen. Hinzu kommt: Sie können ihrer Mutter nicht wirklich helfen. Wenn Mütter auf solche Vertrauensverhältnisse verzichten, haben sie also für sich selbst die Chance, angemessenere Gesprächspartner zu suchen – und zu finden. Vorausgesetzt, sie stehen zu ihrem Bedürfnis, sich mitzuteilen und Rat zu suchen, vielleicht auch professionelle Hilfe.

Aber auch wenn die Mutter die Tochter nicht als Beraterin braucht und missbraucht, sind enge Freundschaften zwischen beiden schwierig. Das gleichberechtigte Verhältnis ist immer gefährdet und selten selbstverständlich. Die asymmetrische Vorgeschichte strebt immer wieder danach, sich in den Vordergrund zu drängen. Dann beginnen die Mütter, schlechte Angewohnheiten oder gleich den ganzen Lebenswandel ihrer erwachsenen Töchter zu kritisieren. Oder die Töchter haben Angst davor, dass die Mutter hinter der »Freundin« bis zur Unkenntlichkeit verschwinden könnte. Denn Freundinnen haben sie normalerweise, vor allem während der Ausbildungszeit, viele. Doch die Beziehung zu den Eltern hat eine andere Qualität, und oft legen sie Wert darauf, die nicht zu verlieren: »Wenn Mütter tolerant und offen sind, kann man so gut wie alles mit ihnen besprechen, wie mit einer guten Freundin. Aber ich finde es normal, dass die Mutter sich mehr für das Leben der Tochter interessiert als umgekehrt«, sagt zum Beispiel die 16-jährige Franziska. Und dieses Privileg will sie sich auch so schnell nicht nehmen lassen.

Mütter und Töchter lieben sich, sie können sich ähnlich sein oder ihre Verschiedenheit genießen, sie können Interessen teilen und sich sogar gern zusammen in der Öffentlichkeit zeigen, sie können miteinander viel unternehmen, vertraute Gespräche führen und sich auf grundlegende Solidarität verlassen – wenn alles gut geht. Das kann man Freundschaft nennen, und sicher ist es auch mehr als das. Aber als »engste Freundin« der Tochter sollte sich die Mutter nicht betrachten. Das wäre eine Fehlbesetzung, die auch für die beste Darstellerin zum Flop ausarten könnte. Mit anderen Worten: Jede von beiden hat eine bessere beste Freundin verdient.

Sehnsucht nach der Bindung, Sehnsucht nach der Lösung

Eine Lebensphase ist abgeschlossen. Wer zu neuen Ufern schwimmt, kann sich während dieser sportlichen Übung zur Abwechslung auch einmal auf den Rücken legen und im Panoramablick genießen, was er/sie zurücklässt. Auch das ferne Ufer der eigenen Kindheit kommt dann in den (Über-)Blick. Und damit im Prozess der Loslösung von der Tochter auch immer wieder: die eigene Mutter.

Die 50-jährige Françoise, allein erziehende Mutter von zwei Töchtern (19 und 14), nimmt das Abitur der Älteren zum Anlass, um das alles Revue passieren zu lassen :

Wenn ich über die Verbindung zwischen Mutter und Tochter nachdenke, jetzt, wo meine Töchter erwachsen sind oder werden, kommt mir zuerst in den Sinn: Für mich war es eher ein Wunsch, mich meiner Mutter anzunähern, nicht, mich von ihr zu lösen. Denn ich wurde von Angestellten betreut und erzogen und hatte zu ihr immer einen gewissen Abstand. Das war in dem großbürgerlichen Ambiente im Paris der fünfziger und sechziger Jahre, in dem ich aufwuchs, so üblich. Noch dazu war ich die Jüngste, erlebte familiär konfliktreiche Zeiten und war auch dadurch weit von ihr entfernt. Jetzt, Jahre nach ihrem Tod, fehlt mir eine nahe Beziehung zu meiner Mutter. Es ist ein Bedürfnis nach Zärtlichkeit, das man nicht aufholen kann. Obwohl sie es nach dem Tod einer Schwester, die starb, als ich siebzehn Jahre alt war, eine Zeit lang versucht hat. Doch da war ich dazu nicht mehr in der Lage.

Ich fühle mich sehr mit meinen Kindern verbunden. Und vielleicht bin ich meiner Mutter böse, dass sie diese enge Bindung mit mir nicht früher gesucht hat. Ich hatte auch körperlich immer eine sehr enge Beziehung zu meinen Töchtern, und das habe ich im Verhältnis zu meiner eigenen Mutter nicht erlebt. Ich finde, dass diese physische Verbindung ganz extrem wichtig ist. Man hat mich also ein Stück weit daran gehindert, das zu leben, was ich leben wollte. Und das kann nie nachgeholt werden.

Wie ich mir mein Leben vorstelle, wenn die Mädchen eines Tages ausziehen? Natürlich gibt es dafür keine fertigen Modelle, aber Frauen, die auf mich stark und aktiv wirken, die allein etwas auf die Beine stellen, inspirieren mich. Ich habe Lust zu leben, auch ohne meine Töchter zu leben, und noch einmal Neues auszuprobieren. Es gibt so viele Reichtümer: Ich habe Lust zu lesen, zu schreiben, Musik zu machen. Und ich stelle mir viele praktische Dinge dann leichter vor. Ich habe die ganze regelmäßige Hausarbeit so satt. Jeden Tag etwas kochen, die ganze Wäsche, und das alles nach der Arbeit! Ich kann mir gut vorstellen, eines Tages ohne diese Doppelbelastung zu leben.

Abgesehen davon werde ich traurig sein, wenn sie nicht mehr da sind. Und dann werde ich vielleicht doch versuchen, für Corinne etwas Gutes zu kochen, wenn sie zu Besuch kommt... Denn sie liebt gutes Essen, und Liebe geht ja angeblich durch den Magen. Also ein ganz klassischer, altmodischer, aber sehr französischer Kontakt...

Neugier und Lust auf Veränderung sind gute Ratgeber für Eltern, wenn diese Rolle aufhört, zu ihrem täglichen Leben zu gehören. Denn genau diese Dinge sind es, die zur gleichen Zeit die »Kinder« in die weite Welt ziehen. Zwischendurch kann man sich ja treffen – und hat sich viel zu erzählen. Zu den beglückendsten

Erfahrungen von Müttern und Vätern erwachsener Kinder gehört es, wie viel man von ihnen lernen kann, vor allem, wenn sie nicht »in die Fußstapfen« der Eltern getreten sind. Wenn auch bei den Eltern Neues hinzukommt, können dann und wann wahrscheinlich sogar die alten Geschichten wieder aufgewärmt werden, ohne ganz und gar unverdaulich zu erscheinen.

***Fazit:* Es gibt bessere beste Freundinnen als Mutter und Tochter. Und es gibt auch nach der Familienphase mehr Dinge zwischen Himmel und Erde, als schlichter Familiengeist sich träumen lässt.**

Das Leben ist eine Baustelle

Die Liebe zwischen Mutter und Tochter ist eine schwierige Liebe. Schwierig für die Mütter: Denn wir sind es nicht gewöhnt, aus Liebe mit wachsender Distanz einverstanden zu sein. Sucht Liebe sonst nicht nach immer mehr Nähe? Will man einen Partner, eine Freundin nicht immer besser kennen lernen und möglichst viel bei sich haben? Nur wer sein Kind liebt, muss es in die Weite entlassen. Schwierig aber auch für die Töchter: Denn sich wirklich auf eigene Füße zu stellen, ohne bei Opposition oder Anlehnung stehen zu bleiben, ist ein Kraftakt, und kein einmaliger.

Was problematisch ist, erfordert Bewusstheit. Doch das Reflektieren über ein Problem hat seinen Preis. Dem Dichter Heinrich von Kleist verdanken wir die Geschichte vom schönen Jüngling, der einmal dasaß, das eine Bein über das andere geschlagen, und an seinem Fuß hantierte. Im Spiegel sah er ganz zufällig, dass er nun so aussah wie eine bekannte antike Statue aus dem Museum, die einen »Dornauszieher« darstellt: gleiche Haltung, gleiche Anmut und Grazie. Wie schön. Wenig später versuchte der junge Mann, die Stellung wieder einzunehmen, um jemandem zu zeigen, wie gut er die Statue nachzustellen verstehe. Denn er war stolz auf die Ähnlichkeit. Doch diesmal – wen wundert's? – gelang die gymnastische Übung nicht. Der Jüngling war nicht mehr unbefangen, seine Bewegung wirkte gestellt und verkrampft.

Tausendfüßler tun – so gesehen – gut daran, nicht über die Funktion ihrer Füße nachzudenken. Ich behaupte allerdings, dass es schwer sein dürfte, Eltern – und Kinder ab einem bestimmten Alter – anzutreffen, die nicht zumindest ansatzweise über ihre Beziehung zueinander nachdenken, eben weil sie eine schwierige Beziehung darstellt. Die Reflexion macht zunächst befangen: Man beobachtet das eigene Verhalten im Alltag, man analysiert und grübelt. Man will Fehler vermeiden. Vorbei ist's mit der Naivität. Und so stellt man sich selbst so manches Bein.

Die schöne Selbstverständlichkeit der Tiereltern ist dem Menschen ohnehin versagt. Doch rascher gesellschaftlicher Wandel, Diskussion der Geschlechtsrollen und Problematisieren von Erziehungszielen haben es den Menschen in diesem Jahrhundert noch weit schwerer, wenn nicht unmöglich gemacht, sich selbstverständlich auf dem Feld familiärer Beziehungen zu bewegen. Vor allem die Frauen definieren ihre Rollen neu. Was gestern noch zweifelsfrei galt, erscheint heute als Zumutung. Es ist uns nicht mehr an der Wiege gesungen worden, was einmal aus uns werden sollte. Wir haben die Wahl – und die Bedenken.

Ist es damit auch für immer vorbei mit der Grazie? Nur langsam. Kleists »Versuch über das Marionettentheater« geht ja noch weiter. Durch das Stadium der Reflexion müssen wir hindurch, so die Botschaft des Dichters. Harmonisch und graziös kann der »Dornauszieher« erst wieder werden, wenn er es ganz durchschritten hat. Wer mit der Analyse einer Bewegung oder einer Situation begonnen hat, kann nicht mehr zurück. Er kann aber zu neuer Unbefangenheit auf einer höheren Stufe gelangen, nachdem er die Sache ganz und gar gedanklich durchdrungen hat. Erst wenn »die Erkenntnis gleichsam durch ein Unendliches gegangen ist«, meint Kleist, dann findet sich auch »die Grazie wieder ein«. Wenn irgendeine Sache uns zum Problem geworden ist, können wir Menschen nur die Flucht nach vorn antreten. Wir ***müssen*** darüber nachdenken. Am »anderen Ende« kommen wir – mit etwas Glück, mit viel Verstand und Gefühl – verändert wieder heraus. Vielleicht sogar mit einer neuen, ganz und gar erträglichen Leichtigkeit des Seins.

Für Bewusstheit plädiert aus psychoanalytischer Sicht auch Verena Kast: »Ablösungsprozese von den Kindern können besser gelebt werden, würde man mehr darauf achten und bewusster Abschied nehmen.« Bewusstheit ist kein Fluch: Sie macht unser Handeln besser.

Patentrezepte können die eigene Achtsamkeit nicht ersetzen, denn es gibt so viele Mutter-Tochter-Beziehungen, wie es Mütter und Töchter gibt. Weil jede einzigartig und lebenswichtig ist, lohnt es sich, den langen Weg zu gehen, an dessen Ende die dritte Stufe der kunstvollen, hart erarbeiteten Nähe stehen könnte.

Allerdings immer nur vorläufig: »Das Leben ist eine Baustelle«, so warnt uns ein ebenso flapsiger wie weiser Filmtitel. Auch in dem Areal der Baustelle, in dem Mütter und Töchter sich begegnen, geht es bisweilen laut und chaotisch zu, Schlammschlachten sind nicht ausgeschlossen. Doch eine Frau, die auf dieser Baustelle selbst arbeitet, hat einen entscheidenden strategischen Vorteil: Sie sieht meist weniger das Durcheinander als die Fortschritte, die das Gebäude macht.

Literatur

Ainley, Rosa (Hrsg.): Ich hab' ihr nie gesagt, dass ich sie liebe. Töchter erleben den Tod ihrer Mutter, dtv, München 1997

Barnouw, David: Anne Frank. Vom Mädchen zum Mythos. Econ&List-Taschenbuchverlag, München 1999

Bassoff, Evelyn: Lieben und doch loslassen. Der Mutter-Tochter-Konflikt. Bastei-Lübbe, Bergisch-Gladbach 1990

Beauvoir, Simone de: Das andere Geschlecht. Sitte und Sexus der Frau,. Rowohlt, Reinbek bei Hamburg 1968, Ein sanfter Tod, Rowohlt, Reinbek bei Hamburg, 1965

Benz, Andreas E.: Die Mutter-Kind-Bindung, in: Kursbuch, Heft 132: Unsere Mütter, Rowohlt Berlin, Juni 1998

Brecht, Bertolt: Geschichten, Suhrkamp-Verlag, Frankfurt am Main 1967

Caron, Ann F.: Töchter werden junge Frauen. Ein Ratgeber für Mütter. Kreuz-Verlag, Zürich 1992

Debold, Elizabeth, Malavé, Idelisse und *Wilson*, Marie: Die Mutter-Tochter-Revolution. Rowohlt, Reinbek bei Hamburg 1994

Drewermann, Eugen: Grimms Märchen tiefenpsychologisch gedeutet. Walter-Verlag, Olten 1997

Fischer, Lucy Rose: Tochter bleibst du immer. Mütter, Töchter, Schwiegermütter. Heyne.Verlag, München 1991

Firman, Julie und *Dorothy*: Lieben ohne festzuhalten. Herder-Verlag, Freiburg 1990

Fontane, Theodor: Effi Briest, Carl Hanser Verlag, München 1974

Frank, Anne: Tagebuch (Fassung von Otto H. Frank und Mirjam Pressler). Fischer Taschenbuch-Verlag 1992

Friday, Nancy: Wie meine Mutter. My Mother my self. Fischer Taschenbuch-Verlag 1982

Fromm, Erich: Die Kunst des Liebens. Ullstein-Verlag, Frankfurt/-Main 1979

Gambaroff, Marina: Utopie der Treue. Rowohlt, Reinbek bei Hamburg 1990

Gidion, Heidi: Und ich soll immer alles verstehen. Auf den Spuren von Müttern und Töchtern. Herder-Verlag, Freiburg 1988

Grond, Erich: Altenpflege ohne Gewalt, Vincentz-Verlag, Hannover 1997

Halpern, Howard: Festhalten oder Loslassen. Wie Eltern die Beziehung zu ihren erwachsenen Kindern gestalten können. ISKO-Press, Hamburg 1988

Kast, Verena: Loslassen und sich selber finden. Die Ablösung von den Kindern. Herder-Verlag, Freiburg 1991

Kerner, Charlotte: Blueprint – Blaupause, Beltz & Gelberg, Weinheim und Basel 1999

Kleist, Heinrich von: Über das Marionettentheater, in: Sämtliche Erzählungen und andere Prosa, Reclam, Stuttgart 1997

Mahler, Margaret S., Pine, Fred und *Bergman, Anni*: Die psychische Geburt des Menschen. Symbiose und Individuation. Fischer Taschenbuch-Verlag 1980

Maron, Monika: Pawels Briefe. S. Fischer Verlag, Frankfurt am Main 1999

Mead, Margaret: Brombeerblüten im Winter. Ein befreites Leben. Rowohlt-Verlag, Reinbek bei Hamburg 1978

Miller, Alice: Am Anfang war Erziehung, suhrkamp, Frankfurt am Main 1980

Oelker, Petra: »Eigentlich sind wir uns ganz ähnlich«. Wie Mütter und Töchter heute miteinander auskommen, Rowohlt, Reinbek bei Hamburg 1998

Olivier, Christiane: Jokastes Kinder. Die Psyche der Frau im Schatten der Mutter. dtv, München 1989

Quindlen, Anna: Die Seele des Ganzen, Wilhelm Goldmann-Verlag, München 1994

Rich Harris, Judith: The Nurture Assumption. Why Children Turn Out the Way They Do, The Free Press, New York 1998

Stierlin, Helm: Eltern und Kinder. Das Drama von Trennung und Versöhnung. Suhrkamp-Verlag, Frankfurt/Main 1980

Watzlawick, Paul, Beavin, Janet und *Jackson, Don*: Menschliche Kommunikation. Verlag Hans Huber, Berlin-Stuttgart-Wien 1969

Wohmann, Gabriele: Ausflug mit der Mutter. Luchterhand, Darmstadt und Neuwied 1976

Wolf, Christa: Kindheitsmuster, Luchterhand Literaturverlag, Darmstadt 1988

Die Gedanken, Methoden und Anregungen in diesem Buch stellen die Meinung beziehungsweise die Erfahrungen der Verfasserin dar. Sie wurden von der Autorin nach bestem Wissen erstellt und mit größtmöglicher Sorgfalt überprüft. Sie bieten jedoch keinesfalls Ersatz für kompetenten ärztlichen oder therapeutischen Rat. Daher erfolgen Angaben in diesem Buch ohne jegliche Gewährleistung oder Garantie des Verlages oder der Autorin. Eine Haftung des Verlages oder der Autorin für etwaige Personen-, Sach- oder Vermögensschäden ist ausgeschlossen, es sei denn im Falle grober Fahrlässigkeit.

Die Deutsche Bibliothek – CIP-Einheitsaufnahme
Ein Titeldatensatz für diese Publikation ist bei
der Deutschen Bibliothek erhältlich.

1 2 3 4 5 04 03 02 01 00

Ein Unternehmen der Dornier Medienholding
http:// www.kreuzverlag.de
Umschlaggestaltung: Atelier Reichert, Stuttgart
Umschlagbild: © ZEFA-SIS, Foto: Jose Ortega
Satz: Rund ums Buch – Rudi Kern, Kirchheim/Teck
Druck und Bindung: J. Ebner, Ulm
ISBN 3 268 00250 1

Die Schreibweise entspricht den Regeln der neuen Rechtschreibung.